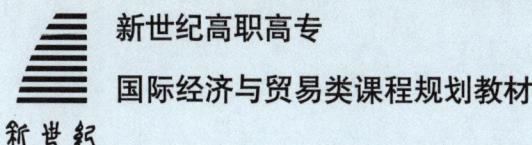
新世纪高职高专
国际经济与贸易类课程规划教材

国际结算

新世纪高职高专教材编审委员会 组编
主　编　钟小立　余　萍
副主编　徐　颖　郭　鹏

大连理工大学出版社

图书在版编目(CIP)数据

国际结算 / 钟小立，余萍主编. -- 大连：大连理工大学出版社，2021.9(2024.1重印)
新世纪高职高专国际经济与贸易类课程规划教材
ISBN 978-7-5685-3165-8

Ⅰ. ①国… Ⅱ. ①钟… ②余… Ⅲ. ①国际结算－高等职业教育－教材 Ⅳ. ①F830.73

中国版本图书馆CIP数据核字(2021)第173525号

大连理工大学出版社出版
地址：大连市软件园路80号　邮政编码：116023
发行：0411-84708842　邮购：0411-84708943　传真：0411-84701466
E-mail:dutp@dutp.cn　URL:http://dutp.dlut.edu.cn
辽宁星海彩色印刷有限公司印刷　大连理工大学出版社发行

幅面尺寸:185mm×260mm	印张:12.75	字数:295千字
2021年9月第1版		2024年1月第2次印刷
责任编辑:夏圆圆		责任校对:刘丹丹
	封面设计:对岸书影	

ISBN 978-7-5685-3165-8　　　　　　　　　　定　价:44.80元

本书如有印装质量问题，请与我社发行部联系更换。

前　言

《国际结算》是新世纪高职高专教材编审委员会组编的国际经济与贸易类课程规划教材之一。

对外贸易的迅猛发展，促使国际贸易结算成为重要的基础性金融需求之一。国际贸易结算涉及的结算方式、结算工具的选择和运用、结算货币的组合、风险的承担与转移等正在悄然发生改变。传统上占重要地位的信用证结算方式正在逐步衰退，让步于托收或汇款结算方式；国际结算中的混合结算方式日趋增多；国际结算的电子化程度越来越高；国际结算的汇率风险不断加大。

近年来，中国政府开始积极推动跨境贸易人民币结算工作，并以此作为人民币国际化的突破口和重中之重。2015年12月，国际货币基金组织（IMF）正式批准人民币加入特别提款权（SDR）货币篮子，人民币国际化又迈出关键一步。人民币国际地位的显著提升为我国进出口商和贸易伙伴提供了新的结算货币选项，同时也为重构国际结算格局和秩序提出了新问题，各方均需调整经济决策以便更好地适应新形势。高职院校新型国际结算人才培养迫切需要一本能适应新形势、体系完整、注重实践的操作实务类教材，本教材的出版极大地满足了这一需求。

本教材专门针对国际结算中的票据操作实务和结算方式进行讲解，以企业在实际操作中关注的重点、难点为阐述对象，引入项目化教学，从典型工作任务入手讲解国际结算操作内容。本教材依据实际工作内容，联系国际结算实务中的业务单据和案例，进行大量业务流程的讲解，形成了一个完整的知识体系，其主要特色体现在以下几个方面：

1. 结构完整，体例清晰。采用项目教学的体例格式，突出国际结算业务的情境设计与组织，基本涵盖了国际结算中的汇票、本票、支票等金融工具，汇款、托收、信用证结算等结算方式以及信用证审核、国际结算单据、备用信用证、银行保函、国际保理、备用信用证和福费廷业务等内容。每个项目都有明确的学习目标及学习任务，并匹配相应的案例和教学一体化训练。

2. 注重实践，强化技能。本教材按照教育部"以就业为导向，推进工学结合，提高教学质量"的要求，以国际结算的基本方式为主线，导入教学案例，模拟工作场景，重点突出实际操作与技能训练，把培养高素质的国际结算人才置于工作任务中，实现零距离上岗就业。

3. 转换角色，以学生为主。以引导为主，辅导为辅。学生首先进入导入案例，探究需要的知识与技能；再通过学习任务，引导其在工作中学习，在学习中工作，达到主动学习、自主建构的目的，突显学生核心地位。

本教材由广州工程技术职业学院钟小立、余萍担任主编，他们负责拟定全书的编写大纲、框架设计以及最后的审定、统稿及主要编写工作；由广州工程技术职业学院徐颖、郭鹏担任副主编。具体编写分工如下：钟小立编写项目1、项目2、项目4和项目5，余萍编写项目8、项目9和项目10，徐颖编写项目6和项目7，郭鹏编写项目3。

本教材可作为高职高专院校商务英语、国际贸易、国际商务、市场营销、国际金融等专业的教学用书，也可作为其他专业学生和国际贸易结算等企业业务人员的培训教材。

在编写本教材的过程中，我们参考、引用和改编了国内外出版物中的相关资料以及网络资源，在此对相关资料的作者表示深深的谢意。请相关著作权人看到本教材后与出版社联系，出版社将按照相关法律的规定支付稿酬。

编者一直致力于探索高职教育校企深度融合的人才培养模式，并以此来设计教材内容，但是限于水平和能力，本教材可能还存在一些不成熟的地方，恳请同行及读者批评指正。

编　者
2021 年 9 月

所有意见和建议请发往：dutpgz@163.com
欢迎访问职教数字化服务平台：http://sve.dutpbook.com
联系电话：0411-84707492　84706671

目 录

模块 1　国际结算工具

项目 1　汇票业务操作 …………………………………………………………… 3
　　任务 1　认知汇票 ………………………………………………………………… 3
　　任务 2　缮制汇票 ………………………………………………………………… 9
项目 2　支票和本票业务操作 …………………………………………………… 18
　　任务 1　认知支票和本票 ………………………………………………………… 18
　　任务 2　填写支票和本票 ………………………………………………………… 22

模块 2　国际结算方式

项目 3　汇付业务操作 …………………………………………………………… 29
　　任务 1　认知汇付 ………………………………………………………………… 29
　　任务 2　认知电汇与信汇 ………………………………………………………… 33
　　任务 3　认知票汇 ………………………………………………………………… 36
　　任务 4　汇款申请书的填写 ……………………………………………………… 37
项目 4　托收业务操作 …………………………………………………………… 42
　　任务 1　办理托收申请 …………………………………………………………… 42
　　任务 2　填写托收申请书 ………………………………………………………… 47
　　任务 3　托收风险控制 …………………………………………………………… 50
项目 5　信用证业务操作 ………………………………………………………… 54
　　任务 1　申请及开立信用证 ……………………………………………………… 54
　　任务 2　通知信用证 ……………………………………………………………… 68
　　任务 3　信用证的审核与修改 …………………………………………………… 72

模块 3　国际结算单据

项目 6　信用证项下单据的制作 ······ 85
　　任务 1　制作商业发票 ······ 85
　　任务 2　制作运输单据 ······ 92
　　任务 3　申领原产地证书 ······ 108
　　任务 4　制作保险单据 ······ 120
　　任务 5　申领商品检验证明书 ······ 126

项目 7　信用证项下单据的审核 ······ 136
　　任务 1　审核单据 ······ 136
　　任务 2　处理单据不符点 ······ 142

项目 8　银行保函和国际保理业务操作 ······ 152
　　任务 1　银行保函认知与业务操作 ······ 152
　　任务 2　国际保理认知与业务操作 ······ 163

项目 9　备用信用证和福费廷业务操作 ······ 176
　　任务 1　备用信用证认知与业务操作 ······ 176
　　任务 2　福费廷业务认知与业务操作 ······ 184

项目 10　新形势下的国际结算方式 ······ 192
　　任务 1　跨境人民币结算认知与业务操作 ······ 192
　　任务 2　第三方支付平台结算认知与业务操作 ······ 195

参考文献 ······ 198

模块 1
国际结算工具

票据是国际结算中最主要的一种结算工具。在国际贸易中,票据已成为一个专用名词,特指票据法规定的汇票、支票和本票。由于外汇管制,加上直接运送大量现金存在太多风险和不便等原因,国际贸易结算中一般都采用票据来代替现金进行结算。

项目 1
汇票业务操作

学习目标

【知识目标】
1. 理解汇票的定义。
2. 掌握汇票内容中必要记载项目和其他附加记载项目。
3. 重点掌握缮制汇票的业务操作要求和汇票的票据行为内容。

【能力目标】
1. 能根据所给资料正确缮制汇票。
2. 熟练进行汇票业务操作。

任务 1 认知汇票

案例导入

A 公司从 B 公司购进 10 吨大米,总价款 40 万元。大米运抵后,A 公司为 B 公司签发了一张以 A 公司为出票人和付款人、以 B 公司为收款人的商业承兑汇票,汇票三个月后到期。一个月后,B 公司从 C 公司购进一批钢材,总价款 50 万元。B 公司就把A公司开的汇票背书转让给C公司,余下的10万元用支票方式支付完毕。后来,A公司发现10吨大米中有一部分存在质量不合格问题,双方发生纠纷。汇票到期时,C公司把汇票交给A公司要求付款,A公司拒绝付款,理由是B公司未按合同交付合格的大米,不同意付款。

案例分析

票据行为的特征之一是票据行为的无因性,即票据是无因证券。票据的成立与否以及票据当事人的权利与义务均不受票据原因影响,即票据关系虽然需要基于一定的原因关系才能成立,但是票据关系一经成立,就与产生或转让票据的原因关系相分离,两者各自独立,票据债权人只要持有票据即可行使票据权利。票据债务人不得以原因关系无效为由对善意的持票人进行抗辩。同时,《中华人民共和国票据法》(以下简称《票据法》或我国《票据法》)第十二条规定:"以欺诈、偷盗或者胁迫等手段取得票据的,或者明知有前列情形,出于恶意取得票据的,不得享有票据权利。持票人因重大过失取得不符合本法规定的票据的,也不得享有票据权利。"《票据法》保护正当持票人和善意持票人,因此如果当事人是通过正当手段善意取得票据的,应当享有票据权利。

本案例中,B公司与A公司之间的大米买卖关系是本案例汇票的原因关系。汇票开出后,A公司就与票据持有人产生了票据关系。因此,A公司应支付C公司有关款项。不过,虽然付款后的票据关系消失,但是原因关系并不消失,A公司仍可根据原因关系的瑕疵要求B公司赔偿损失。

相关知识

一、汇票的定义

微课:认识汇票

英国《票据法》规定汇票为一次书面无条件支付的命令,由出票人向另一人签发并要求受票人见票或定期或在某一可预定的时间将一定金额的款项支付给其指定人或来人。

我国《票据法》所做的法律定义为"汇票是出票人签发的,委托付款人在见票时或者在指定日期无条件支付确定的金额给收款人或者持票人的票据。"

汇票(Bill of Exchange/Draft)是国际结算中使用较为广泛的一种信用工具。根据各国票据法的规定,一张汇票必须具有出票人、付款人和收款人三个基本关系人。在汇票进入流通领域后,随着票据行为的变化,还会相应产生其他票据当事人。

二、汇票的内容

(一)汇票的必要记载项目

为保障票据的正常流通,各国票据法对票据行为的程序及方式加以详细规定,因此符合法律规范的票据行为又称票据的要式行为。汇票作为一种要式证券,出票人在签发汇票时,必须按照票据法律规定,使汇票具备必要的形式及内容,即为汇票的必要项目。必要项目齐全、符合票据法的规定,汇票即可成立有效。

根据我国《票据法》的规定,汇票的必要项目包括:(1)表明"汇票"的字样;(2)无条件支付的委托;(3)确定的金额;(4)付款人名称;(5)收款人名称;(6)出票日期;(7)出票人签章。

1. 表明"汇票"的字样

汇票上必须标明"汇票"字样,如"Bill of Exchange"、"Draft"或"Exchange for"等,以便于将汇票与本票及支票区分开。

2. 无条件支付的委托

汇票的付款必须是无条件的,否则将导致整个汇票无效。为体现汇票的无条件支付特征,在支付文句中必须使用祈使句型,不应使用虚拟语气或带有"please"等词语的文句。例如:

①Pay to the order of A Company the sum of one thousand US dollars only(付给A公司指定的人1000美元。)——有效文句。

②Pay to A Company two thousand US dollars only if they supply the goods before October(若A公司在十月前交货则支付他们2000美元。)——以按指定时间提交货物为要求,本文句无效。

③Drawn under irrevocable documentary credit No. 2933 issued by Bank of China dated January 5, 2021(本汇票依据中国银行2021年1月5日开立的2933号不可撤销跟单信用证签发。)——有些汇票会加列这类文句表明汇票开立的原因,该文句符合无条件支付命令的要式规定,为有效文句。

3. 确定的金额

汇票上货币金额的记载必须有支付货币的名称和确定的金额,否则汇票无效。金额数目应以阿拉伯小写数字(Amount in Figures)和文字大写数字(Amount in Words)表示。若大小写不相符,根据我国《票据法》的规定,此汇票无效;根据英国《票据法》和《日内瓦统一票据法》的规定,以文字大写数目为准。在实际业务中,此类情况一般由出票人更改后再交付。

汇票上加列的利息条款,应根据出票地法律规定执行。我国《票据法》对利息记载无明确规定,但一般而言,金额确定,汇票就有效;利息记载的金额不确定,则该利息记载无效而汇票仍有效。英国《票据法》规定,利息记载的金额必须明确,否则汇票无效。

4. 付款人名称

付款人是汇票命令的受者,即受票人。付款人是汇票的三个基本关系人之一。付款人一般记载在汇票的左下方,英文是一个以 To 开头的文句。付款人必须有完整准确的全称,当付款人存在两个或多个分支机构时,还须加上详细的付款地点(Place of Payment)。我国《票据法》规定,汇票上未记载付款地的,付款人的营业场所、住所或者经常居住地为付款地。

付款人可以是出票人自己,这种汇票被称为对己汇票/己付汇票。有的国家法律规定可将其视作本票,有的国家法律则认为它仍是一种汇票。

5. 收款人名称

收款人通常被称为汇票的抬头人,是汇票的主债权人。收款人的记载必须明确、完整(必要时应附带地址)。收款人有限制性抬头、指示性抬头、无记名抬头三种记载形式。

(1)限制性抬头

限制性抬头又称为限制性记名抬头,不能转让他人。常见的表示方式有:

Pay to B Company only(仅付 B 公司);

Pay to B Company not transferable/negotiable(付给 B 公司,不得转让);

Pay to B Company(付给 B 公司),并在汇票正面另外印制"not transferable"或"not negotiable"字样。

(2)指示性抬头

指示性抬头又称为指示性记名抬头,是自由流通证券,但背书后才可以转让给他人。常见的表示方式有:

Pay to B Company or order(付给 B 公司或其指定人);

Pay to the order of B Company(付给 B 公司指定人);

Pay to B Company(付给 B 公司),并不在汇票正面另外印制"not transferable"或"not negotiable"字样。

注意:各国票据法允许汇票出票人指定自己为汇票收款人,这种汇票为"己收汇票",同样,经收款人(出票人)背书后可以进行转让,具体表述可以是 Pay to the order of ourselves(付给我方指定人)或 Pay to us or our order(付给我方或我方指定人)。

(3)无记名抬头

无记名抬头又称为持票来人抬头或空白抬头,是自由流通证券,仅凭交付即可转让,无须背书。常见的表示方式有:

Pay to bearer(付给持票来人);

Pay to B Company or bearer(付给 B 公司或来人)。

6. 出票日期

出票日期即出票人签发汇票的日期。它有三个重要作用:第一,它是判断出票人签发汇票时是否具有行为能力(例如是否已破产或处于清算状态、是否已提供商品或劳务等)的重要依据;第二,它是确定付款日期的重要依据,如核算出票后若干天付款的远期汇票需要有确定的出票日期;第三,它是判定汇票是否有效的重要依据,汇票的有效期自出票日开始起算。

7. 出票人签章

出票人的记载一般是在汇票的右下方,英文是一个以 For 或 On behalf of 或 For and on behalf of 等开头的文句。出票人在票据上签字/签章,则表明其承认自己的债务,票据法根据此签字/签章来确定出票人的票据责任。根据我国《票据法》的规定,无出票人签字或伪造出票人签字的,以及签字的出票人为无民事行为能力人或限制民事行为能力人的,均视为无效票据。若出票人代表公司或单位签字/签章,必须加盖法定公章。

(二)汇票的其他附加记载项目

除了以上必要记载项目外,汇票还可附加票据法允许的其他记载项目,这些额外的记载项目不得违背行为地票据法的规定,否则汇票无效。这些由出票人、持票人等根据需要加记的项目内容,一旦被接受,即产生约束力。以下简要介绍出票人常在汇票上附加记载的项目。

1. 汇票编号

汇票编号指出票人的汇票流水作业编号,主要用于检索。

2. 出票条款(Drawn Clause)

出票条款用于表明汇票出票缘由,但不是付款条件。如信用证支付方式下出具的汇票上常见表述"Drawn under A Bank L/C No. ×××dated…(在 A 银行×××号信用证项下出票,开证日期……)"。

3. 付一不付二

成套汇票一般有两张正本,通常需在第一张汇票中加记类似 Pay this first of exchange (Second of exchange being unpaid)(支付第一张汇票,第二张相同内容者不付,即"付一不付二")的内容;同时在第二张汇票上相应加记"付二不付一"的内容。成套汇票各份正本具有同等法律效力,付款人付一不付二、付二不付一,先到先付,后到无效。

4. 出票地点

汇票的出票地点关系到汇票的法律适用问题。我国《票据法》规定,汇票、本票出票时的记载事项,适用出票地法律。对于国际票据而言,一般采用行为地法或出票地法的原则来界定汇票的票据要式及法律效力。汇票的出票地点一般应与出票人所在地一致。根据我国《票据法》的规定,汇票上未记载出票地的,出票人的营业场所、住所或者经常居住地为出票地。

5. 担当付款人

当汇票付款人是公司时,为便于收付款,出票人可以与付款人约定某一付款人往来银行作为担当付款人,并在汇票付款人后面加载担当付款人条款。如"To:C Co.,Payable by Bank of Tokyo"其中的 Bank of Tokyo 为担当付款人。

6. 预备付款人

出票人在付款人后面加记预备付款人,是预备着在付款人退票时,持票人可以向预备付款人请求付款或承兑;若付款人没有退票,则预备付款人不发生作用。如"To:C Co., In case of need refer to C Co."其中 C Co. 为预备付款人。我国《票据法》没有规定预备付款人制度。

汇票样本如下:

Draft

USD30,000.—　　　　　　　　　　Washington,May 7,2021

At　sight

Pay to the order of Nixiya(China) Garment Co.,Ltd.

Thirty thousand US Dollars only

For value received and charge same to account of

To:
Washington Tariff Group
America

Nixiya(China) Garment Co.,Ltd.

项目1 汇票业务操作 9

任务2 缮制汇票

案例导入

A公司向B公司开出商业汇票,B公司在规定时间到付款人C银行要求其付款,C银行审核汇票后提出汇票上没有注明出票地点。于是以汇票无效为由拒绝付款。

案例分析

根据国际惯例,国际票据采用"行为地法律"原则,以其出票地法律来衡量。多国票据法都认为,未注明出票地点的汇票仍然有效。我国《票据法》规定,汇票上未记载出票地的,出票人的营业场所、住所或者经常居住地为出票地。英国《票据法》规定,对于未记载出票地的汇票,取得汇票的收款人有权根据需要依法自行加列出票地,并且这一记载对于其后手受让人将具有法律效率,以此来保护后手的权益。

本案例中,汇票没有注明出票地,汇票仍然有效,可以以出票人的营业场所、住所或者经常居住地为出票地。

相关知识

 汇票的缮制

根据签发人的性质,汇票可以分为银行汇票和商业汇票。银行签发的汇票为银行汇票,其他为商业汇票。汇票的缮制要根据信用证做到单证一致,非信用证业务要按双方签订的合同条款进行缮制,保证汇票内容准确无误,同时汇票缮制要注意保证汇票本身的整洁美观,不得有涂改、覆盖等现象。

微课:缮制汇票

1. 编号(No.)

汇票编号最好与本套单据的发票号码一致,以便核对。

2. 出票日期与地点(Date and Place of Issue)

信用证项下的出票日期为提交银行议付的日期,汇票出票日期不得早于其他单据日期,也不得晚于信用证有效期和信用证规定的其他截止日期(如信用证规定要在提单日期后第 21 天内交单,汇票日期不得迟于这个期限)。出票地点是议付地或出票人所在地,通常出口商会委托议付行在办理议付时代填。

3. 汇票金额(Amount)

汇票金额由货币币别和数值组成,金额应和信用证规定的一致(如要求汇票金额按发票金额 95%开立),并用数字小写和英文大写分别标注。在汇票的"Exchange for"后面标注小写金额,若无"Exchange for"这类文句的,一般在左上角标注。小写金额一般保留两位小数,例如 USD21,544.60。大写金额一般写在"the Sum of"后,习惯上句首加"SAY",意指"计",句尾加"ONLY",意指"整",小数点用"POINT"或"SENTS"表示。例如,"SAY US DOLLARS TWENTY ONE THOUSAND FIVE HUNDRED AND FORTY FOUR POINT SIX ONLY"。

4. 付款期限(Tenor)

付款期限是指汇票的到期日,即汇票的付款日期。付款期限必须按信用证的规定填写。根据到期日可将汇票分为即期汇票和远期汇票。即期汇票应在 at 与 sight 之间的付款期限处填上星号"＊＊＊＊＊＊＊＊＊",表示本汇票为"at sight"(见票即付)的即期汇票。对于远期汇票,付款期限主要有见票后定期付款、出票日后定期付款、提单日后定期付款和定期付款等几种。见票后定期付款的,在付款期限处填入"××days after sight";出票日后定期付款的,则在付款期限处后填入"××days after date of the draft",将汇票上的"sight"划掉;提单日后定期付款的,在付款期限处填入"××days after the B/L date",划掉"sight";定期付款的,在付款期限处填入具体日期。

5. 收款人(Payee)

根据信用证规定填写,比较常见的做法是收款人为议付行,议付行需在汇票背面进行背书。托收业务下一般收款人为托收行。

6. 出票条款(Drawn Clause)

Drawn under 后面填写出票条款,须按信用证的描述填写信用证编号、开证行名称及地址和开证日期。非信用证业务则不填写。

7. 付款人(Drawee)

汇票付款人即受票人,在汇票"To"之后填写。信用证业务时,一般填写开证行或其指定银行的名称和地址,如信用证规定"Drawn on us"或"Drawn on ×× Bank"。如果信用证规定以开证申请人为付款人,即"Drawn on applicant",在开证行保证付款条件下也是可以接受的,这时银行将视该汇票为一份附加票据。

8. 出票人签章(Signature of the Drawer)

根据票据法、《UCP600》、《ISBP745》的规定,出票人为信用证受益人,汇票必须经由出票人签字。通常在汇票的右下角空白处打上出票人全称,由经办人签名。

商业汇票样本如下:

Bill of Exchange

Guangzhou, January 10, 2021

No. _____

Exchange for USD120,500.00

At 90 DAYS AFTER sight of this first of Exchange(Second of the same tenor and date unpaid), pay to the order of BANK OF CHINA the sum of SAY U. S. DOLLARS ELEVEN THOUSAND ONLY

Drawn under BANK OF TOKYO

L/C No. :76222A1 Date of Issue:NOV. 6,2020

To:BANK OF TOKYO

　　　　　　　　　　　　　　　　Electronic Distributing Co., Ltd

　　　　　　　　　　　　　　　　　　　　(Signature)

银行汇票样本如图 1-1 所示。

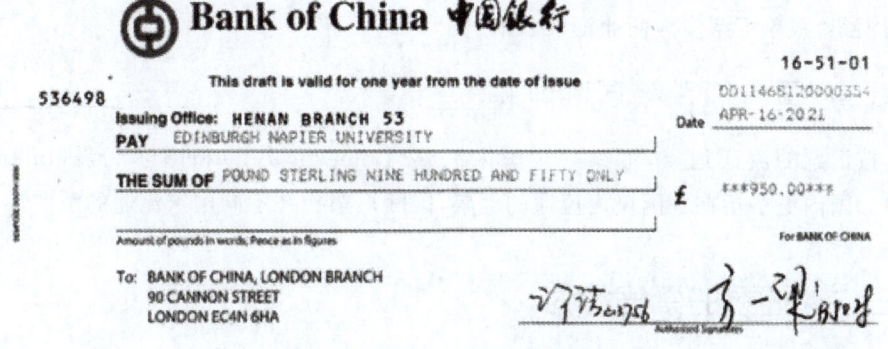

图 1-1 银行汇票样本

 **汇票的种类**

(一)银行汇票和商业汇票

按照出票人不同,汇票分为银行汇票(Banker's Draft)和商业汇票(Trade Bill)。银行汇票出票人和付款人都是银行,银行汇票的信用基础是银行信用。商业汇票出票人是公司、单位或个人,付款人可以是公司、单位或个人,也可以是银行。商业汇票的信用基础是商业信用。

(二)即期汇票和远期汇票

按付款时间不同,汇票分为即期汇票(Sight Bill, Demand Draft)和远期汇票(Time Bill, Usance Draft)。即期汇票在提示或见票时立即付款,远期汇票在出票后的某一特定时间或一定期限内付款。

(三)银行承兑汇票和商业承兑汇票

按照承兑人不同,汇票分为银行承兑汇票(Banker's Acceptance Bill)和商业承兑汇票(Trader's Acceptance Bill)。银行承兑汇票是由银行进行承兑的汇票,银行承兑汇票的信用基础是银行信用;商业承兑汇票是由公司、单位或个人进行承兑的汇票,商业承兑汇票的信用基础是商业信用。

(四)光票和跟单汇票

按有无附属单据,汇票分为光票(Clean Bill)和跟单汇票(Documentary Bill)。光票是指无须附带任何单据即可收款的汇票,银行汇票多为光票。跟单汇票是指附带有关单据的汇票,跟单汇票多为商业汇票。

(五)国内汇票和国际汇票

按汇票的流通地点,汇票分为国内汇票(Domestic Bill)和国际汇票(International Bill)。国内汇票指在一国境内流通的汇票,国际汇票指在不同国家流通的汇票。

 **汇票的票据行为**

票据从出票到最终实现支付,需要经过一系列特定的法律程序,即票据行为。票据行为包括出票、背书、提示、承兑、付款、保证、拒付、追索等。汇票的票据行为最为全面,其相关行为和关系人还会随着汇票的流通运作在不同阶段产生变化。票据行为、票据形式和票据内容均须符合票据法的规定。

（一）出票（Issue）

出票是指出票人签字/签章，写成汇票，表明其承担票据债务的意旨，并将汇票交付给收款人的票据行为。出票是汇票的第一个票据行为。一个完整的出票包括两个必要行为：(1)出票人按法定要式缮制汇票，并在汇票上签字/签章；(2)出票人将已缮制完毕的汇票交付给收款人。出票人签发并交付汇票后，表明其作为汇票的主债务人承担了汇票的债务责任。因此，汇票只有完成了交付才能生效，并且是不可撤销的。

出票的交付（Deliver）有亲自交付（Own Delivery）和推定交付（Constructive Delivery）之分。其中，推定交付又包括出票人派人送交或邮寄给收款人，以及出票人交付给收款人时，收款人通过办理代保管手续请出票人暂时代为保管（汇票仍是收款人的财产）等多种方式。

我国《票据法》第二十六条规定："出票人签发汇票后，即承担保证该汇票承兑和付款的责任。"若汇票遭到付款人拒付，收款人或持票人有权向出票人行使追索权，要求其偿付汇票金额及其他费用。若出票人在汇票上列明对出票人免于追索（Without recourse to drawer）的免责文句，虽然出票人可以免除其汇票债务责任，但是收款人或持票人通常不愿意接受此类汇票，因此带有这类免责文句的汇票往往难以流通转让。

（二）背书（Endorsement）

1. 背书的概念

背书是以转让票据权利为目的的票据行为，是指汇票的持票人通过在汇票背面签名或共同签名给被背书人来转让汇票。背书人是汇票权利的出让人，被背书人是汇票权利的受让人。

一份有效背书必须满足以下条件：

(1)一般写在汇票背面，但也可以写在粘单上，此时粘单与汇票粘接处必须加上粘单上的第一背书人的骑缝签字、签章；

(2)必须是完整的汇票而不是一部分；

(3)如果有两个或两个以上收款人，他们都必须在汇票转让之前背书，除非其中一人有权作出背书代表所有其他人。

汇票的背书行为只有在完成交付之后才能正式生效，并且是不可撤销的。

汇票经过连续背书可以连续转让。在这一过程中，对于受让人即被背书人来说，所有背书人及出票人都是其前手；而对于出让人即背书人来说，所有被背书人都是其后手。背书人一经在汇票上背书，即成为汇票上的债务人之一，与其前手背书人及出票人共同对汇票承担连带的票据责任。我国《票据法》第三十七条规定："背书人以背书转让汇票后，即承担保证其后手所持汇票承兑和付款的责任。背书人在汇票得不到承兑或者付款时,应当向持票人清偿本法第七十条、第七十一条规定的金额和费用。"汇票的背书人越多,意味着向持票人担保汇票的承兑与付款的当事人越多。

2. 背书的方式

(1)限制性背书(Restrictive Endorsement)

限制性背书指背书人在票据背面背书时加载限制后手转让的文句,如 Pay to A Company only(仅付 A 公司)或 Pay to A Company not transferable/not negotiable(向 A 公司支付,不得转让),被背书人只能凭汇票向付款人提示付款或提示承兑。

(2)特别背书(Special Endorsement)

特别背书又称记名背书或正式背书,即持票人在背书转让时注明了被背书人的名称,背书内容完整、全面。如 Pay to the order of A Company(支付给 A 公司的指定人)、Pay to A Company or order(支付给 A 公司或其指定人)或 Pay to A Company(支付给 A 公司)。这种汇票背书后可以自由流通。

(3)空白背书(Blank Endorsement)

空白背书又称无记名背书,即背书人仅在汇票背面签字/签章,而不记载被背书人。空白背书后,被背书人如果要再次转让,只需交付汇票即可。西方票据法允许汇票转让背书时只记载背书人签名,即作空白背书。需要注意的是,我国《票据法》不允许作空白背书。

(4)附带条件的背书(Conditional Endorsement)

附带条件的背书是指在背书时加载附带条件,如 Pay to the order of A Company on delivery of B/L No.221,这些条件只对背书人和被背书人具有约束作用,与出票人、付款人、承兑人无关。

(三)提示(Presentment)

提示是持票人向付款人出示汇票要求承兑或要求付款等行为的统称。提示分为承兑提示(Presentment for Acceptance)和付款提示(Presentment for Payment)。

承兑提示指远期汇票的持票人向付款人出示汇票要求承兑的行为。付款提示指即期/远期汇票的持票人向付款人或担当付款人/承兑人出示汇票要求付款的行为。

(四)承兑(Acceptance)

承兑是指远期汇票的付款人在汇票上签字/签章,写成承兑,同意按出票人指示到期付款的行为。对于成套远期汇票,付款人只能承兑被第一提示的汇票(其余的不再承兑),到期日只能凭已作承兑的汇票付款。

（五）付款（Payment）

付款是指持票人在规定期限内向付款人提示票据，付款人支付票款的行为。付款人或承兑人应在尽了专业职责且知悉持票人的权利无缺陷后，再对汇票进行支付。我国《票据法》第五十七条规定："付款人及其代理付款人付款时，应当审查汇票背书的连续，并审查提示付款人的合法身份证明或者有效证件。"

汇票被依法付款后，付款人或承兑人的付款义务即告履行，汇票所体现的债权债务关系即告结束。我国《票据法》第六十条规定："付款人依法足额付款后，全体汇票债务人的责任解除。"

（六）保证（Guarantee）

保证就是非汇票债务人在汇票上签字/签章，写成保证，以此来增强票据的可接受性，使之便于流通和融资。我国《票据法》第四十五条规定："汇票的债务可以由保证人承担保证责任。保证人由汇票债务人以外的他人担当。"被保证人可以是出票人、背书人、承兑人等，保证人所负责任完全等同于被保证人所负责任。若保证人为出票人、背书人提供保证，应承担在汇票遭到拒付时，偿还汇票金额、利息及相关费用之责任；若保证人为承兑人提供保证，应承担付款责任。我国《票据法》第五十条规定："被保证的汇票，保证人应当与被保证人对持票人承担连带责任。汇票到期后得不到付款的，持票人有权向保证人请求付款，保证人应当足额付款。"

保证人履行了保证责任即清偿了票据债务后，可行使持票人对被保证人及其前手的追索权。

（七）拒付（Dishonour）

拒付又叫退票。持票人按照票据法的规定向付款人提示承兑或提示付款时遭到拒绝，即构成拒付。拒付包括拒绝承兑和拒绝付款，当执行承兑或付款的当事人出现死亡、破产、失踪、因违法而被责令停止业务活动、与出票人发生贸易纠纷或付款人纯属虚构时均可能出现拒付。

（八）追索（Recourse）

追索是指汇票遭拒付后，持票人向出票人或其前手背书人追回票款的行为和权利。持票人拥有的这种权利叫作追索权（Right of Recourse）。关于追索权的期限问题，我国《票据法》第六十一条规定："汇票到期被拒绝付款的，持票人可以对背书人、出票人以及汇票的其他债务人行使追索权。"第十七条规定，持票人对前手的追索权，自被拒绝承兑或者被拒绝付款之日起六个月内有效。

技能训练

1. 请根据图 1-2 的汇票样本回答问题

Bill of Exchange

Dated 2019-6-3, GUANGZHOU, CHINA
No. 86153F4051
Exchange for USD30,000
At 60days after date of shipment sight of this First of Exchange (Second of the same tenor and date unpaid), pay to the Order of BANK OF CHINA GUANGZHOU BRANCH the sum of
SAY U.S.DOLLARS USD THIRTY THOUSAND SENT ONLY
Drawn under HUANGPU (CHINA)
L/C NO: WS061110
Dated: June 01,2021
TO HAROLD IMPORT COMPANY, INC 3150 C Street, Suite 101 -- Anchorage, Alaska 99503
TEL: 86-20-8345-6288 FAX: 86-2--8345-6289

GUANGDONG CEREALS & OILS
IMPORT &EXPORT CORPORATION
5F-10F Guitian Building Road, South, Guandong, China

图 1-2 汇票样本

(1) 该汇票是什么业务下使用的汇票？
(2) 该汇票的出票人和付款人分别是谁？
(3) 该汇票期限是即期的还是远期的？
(4) 该汇票采用的是什么货币？
(5) 该汇票份数是几份？

2. 根据下列资料填制汇票

L/C No. A-12b-34c Dated Nov. 11,2020
Issuing Bank：Isreal Discount Bank Of New York，New York Branch
Applicant：The Abede Group，Inc
Beneficiary：Guangzhou Texitiles Corporation
Amount：USD 5390.00
Covering：1000pcs Of 100％ Cotton Cushions
We open this irrevocable documentary credit favouring yourselves available against your draft at sight by negotiation
Other terms and conditions：Invoice not to show any commission but to show total CFR New York USD 5500.00
Commission of 2％ to show only on Bill Of Exchange
Invoice No.：12346

请根据上述资料填写以下汇票：

BILL OF EXCHANGE

No. _____
Exchange for _____ ,
At _____ sight of this FIRST of Exchange (Second of Exchange being unpaid)
pay to the order of _____ the sum of _____

To _____

(signature)

3. 案例分析

(1) 甲交给乙一张经付款银行承兑的期票，作为向乙订货的预付款，乙在票据上背书后转让给丙以偿还原欠丙的借款，丙于到期日向承兑银行提示取款，恰遇当地法院公告该行于当天起进行破产清理，因而被退票。丙随即向甲追索，甲以乙所交货物质次为由予以拒绝，并称已于 10 天前通知银行止付，止付通知及止付理由也已通知了乙。在此情况下丙再向乙追索。乙以票据系甲开立为由推诿不理。丙遂向法院起诉，被告为甲、乙与银行三方。

你认为法院将如何判决？请陈述理由。

(2) 出口合同规定的支付条款为装运月前 20 天电汇付款，买方延至装运月后 15 天才从邮局寄来银行汇票一张。为保证按期交货，卖方于收到该汇票次日即办理了货物出运，同时委托银行代收票款。一个月后，卖方接银行通知，因该汇票系伪造，已被退票。此时，货已抵达目的港，且已被买方凭出口方自行寄去的单据提走。事后追偿，对方早已人去楼空。

请分析以上案例。

项目 2
支票和本票业务操作

学习目标

【知识目标】
1. 了解支票和本票的基本概念、种类和用途。
2. 掌握支票、本票的必要记载项目。
3. 重点掌握填写支票的基本方法和注意事项。

【能力目标】
1. 能够根据所给资料正确缮制支票和本票。
2. 能够熟练进行本票、现金支票、银行转账支票及其他常见支票的填写等实际业务操作。

任务 1 认知支票和本票

案例导入

某外贸公司与刚果商人成交出口一批货物,货款共计20000美元。成交条件为装运前预付货款。当时刚果商人开给该外贸公司以刚果的A银行为付款人的美元支票1张。

4月6日,该外贸公司将支票委托中国内地的B银行向外收款,B银行采用立即托收方式,委托中国香港的C银行托收。4月20日,C银行收到A银行的垫付款后转账给B银行,B银行给该外贸公司办理了结汇。该外贸公司自认为货款已收妥,便将货物根据合同规定空运发出。

5月15日,C银行将托收的支票退回,并从托收账户划回其垫付的票款,原因是支票的付款行拒付票款,拒付理由是该张支票是伪造的。B银行只能将支票退还该外贸公司,并从该外贸公司账内将票款冲回。由于是空运,国外不法商人已提货潜逃。该外贸公司白白损失了价值20000美元的货物和航空运费。

案例分析

本案例中,该外贸公司对第一次交易的外国客户没有进行专门的资信调查,对对方的资质和信用均不了解,这是导致该外贸公司上当受骗的一个原因。

该外贸公司对支票业务不了解,与银行联系不够,对银行的做法和垫付性付款方式也不清楚,在未确认款项是否为终极付款时,就自以为是地发货,这是导致该外贸公司上当受骗的又一原因。如果公司要求银行采用收妥托收方式处理,就可避免损失。

相关知识

一、支票

(一)支票的定义

英国《票据法》规定:支票是以出票人的开户银行为付款人的即期汇票。详细地说,支票是银行存款储户对其开立账户的存款银行签发的,要求其向某人、某指定人或持票人见票即支付一定金额的无条件书面命令。

我国《票据法》规定,支票是出票人签发的,委托办理支票存款业务的银行或者其他金融机构在见票时无条件支付确定的金额给收款人或者持票人的票据。

支票的特征表现包括:其一,支票是委付证券,支票的付款人必须是有支票存款业务资格的银行或非银行金融机构;其二,我国的支票只有即期支票,无承兑制度。

微课:认识支票

(二)支票的内容

根据《日内瓦统一票据法》规定,支票必须记载以下事项:
(1)表明"支票"字样;
(2)无条件支付命令;
(3)确定的金额;
(4)付款银行名称和地点;
(5)出票日期和地点(未载明出票地点者,出票人地址视为出票地点);
(6)出票人名称和签字;
(7)可标明"即期(On Demand)"字样(若未标明,视为见票即付);
(8)收款人或其他指定的人

我国《票据法》对支票必须记载的事项也有类似规定。

支票样本如图2-1所示。

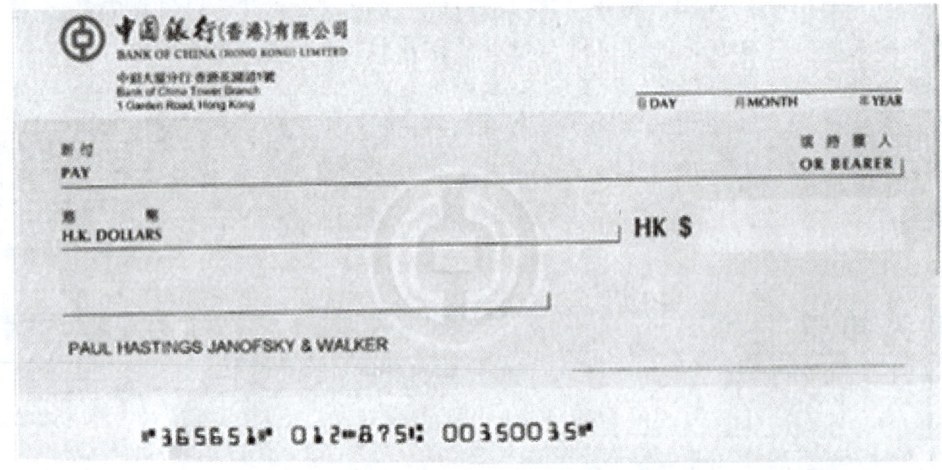

图2-1 支票样本

(三)支票的种类

1. 记名支票和不记名支票

按照抬头不同,支票可以分为记名支票和不记名支票。

(1)记名支票(Cheque Payable to Order)

记名支票在支票的收款人一栏写明了收款人姓名,如"限付给B"(Pay B Only)或"限付给B指定人"(Pay B Order)。收款人取款时需签章才能支取。

(2)不记名支票(Cheque Payable to Bearer)

不记名支票又称空白支票,不记名支票上不记载收款人姓名,只写"付来人"(Pay Bearer)。持票人取款时无须签章即可支取。不记名支票可以进行转让,仅凭交付即可实现转让。

2. 现金支票和划线支票

按照是否可以支取现金，支票可以分为现金支票和划线支票。

(1) 现金支票(Open Check/Uncrossed Check)

现金支票是指可以用于支取现金，也可以用于转账的支票。

(2) 划线支票(Crossed Cheque)

划线支票是指在支票正面划两道平行线的支票。划线支票不能支取现金，只能委托银行代收票款入账到收款人账户。使用划线支票的目的是在支票遗失或被人冒领时，还有机会通过银行代收的线索追回票款。

3. 银行支票和商业支票

按照支票出票人身份不同，支票可以分为银行支票和商业支票。

(1) 银行支票(Bank Check)

银行支票是指由银行签发并由银行付款的支票。

(2) 商业支票(Trader's Check)

商业支票是指由企业或个人签发的支票。

4. 保付支票

保付支票(Certified Check)是一种特殊支票。保付支票由付款银行在支票正面加盖"保付"(Certified)印章并签字，表示其在支票提示时一定付款。这种支票信誉较高，有利于流通。

二、本票

(一) 本票的定义

英国《票据法》规定：本票(Promissory Note)是由一个人向另一个人签发的，保证其见票时或定期或在可以确定的将来时间，对某人、其指定人或持票人无条件支付一定金额的书面付款承诺。

(二) 本票的必要记载项目

我国《票据法》第七十五条规定，本票必须记载下列事项：
(1) 表明"本票"的字样；
(2) 无条件支付的承诺；
(3) 确定的金额；
(4) 收款人名称；
(5) 出票日期；

(6)出票人签章。

本票样本如下:

PROMISSORY NOTE

USD20,000.00　　　　　　　　　　　　　　　　　　Tokyo, May 20, 2021

At 30 days after date we promise to pay A Company or order the sum of twenty thousand US dollars only.

　　　　　　　　　　　　　　　　　　　　　　　　For B Company
　　　　　　　　　　　　　　　　　　　　　　　　Singapore
　　　　　　　　　　　　　　　　　　　　　　　　　(Signed)

(三)本票的分类

1. 银行本票和商业本票

按出票人的不同,本票可分为银行本票和商业本票。

银行本票(Banker's Note)是指由银行签发的本票。我国《票据法》所称的本票是指银行本票。

商业本票(Commercial Note)是指由公司、商户签发的本票。

2. 即期本票和远期本票

按付款期限的不同,本票可分为即期本票和远期本票。

即期本票(Sight Note/Demand Note)是指提示或见票时立即付款的本票。

远期本票(Time Note/Usance Note)是指出票或见票后一定期限或将来某个特定日期付款的本票。

任务2　填写支票和本票

案例导入

M公司是私营公司,该公司经理张某以公司名义在中国银行某市分行市中支行开设账户,开户资金为人民币5000元。2020年3月,张某以M公司的名义向C公司采用先送货后付款的方法购买相机4套,价值人民币2.44万元。C公司将相机送至M公司后,张某命令财务人员于2020年4月向对方开具出票日期为2020年5月1日,金额为2.44万元的支票1张。后因M公司账户存款不足,该支票遭银行退票。C公司当即派人至M公司办公地点,发现该公司已搬离,张某亦下落不明。

2020年7月,张某以M公司的名义与K公司签订了关于冰箱的购销协议,约定由K公司向M公司供应冰箱,M公司指定赵某为收货人,每30天为一付款期,并采用上述同样的办法开具了空头支票给K公司。最终K公司亦没有如期拿到货款。

案例分析

张某骗取C公司的相机是采取签发空头支票支付货款的手段实施的。其签发空头支票是在骗取财物之前还是之后,不影响票据诈骗罪的成立。因为行为人完成诈骗犯罪行为是在其签发空头支票之后。只有其完成整个诈骗犯罪行为,其诈骗犯罪的具体行为、侵犯的客体才最终确定,因此张某无论是在取得货物之前、同时还是之后签发空头支票,其行为均违反了国家对票据的管理规定,符合票据诈骗罪的特征。当然,张某骗取K公司的冰箱,同时利用了购销合同,形式上也触犯了《中华人民共和国刑法》第二百二十四条的规定,构成合同诈骗罪。法院最后对张某以票据诈骗罪定罪处罚。

相关知识

一、支票的填写

(一)出票日期

在 Date 后面写上日期,日期的格式习惯是:DD/MM/YYYY 或 MM/DD/YYYY。以 2021 年 5 月 8 日为例,在 Date 后面的填写内容可以是 8/May/2021 或 May/8/2021 等。

微课:缮制支票

(二)收款人

在 PAY TO THE ORDER OF 后面用正体写上收款人或收款公司的全称,如 D&M Company 或 Tom Smith 等,收款人名称要尽量贴近 PAY TO THE ORDER OF 的最后一个单词边缘书写,同时可在名称后面标注"＊"或"——"符号,避免内容被修改。

(三)付款银行名称和地点

支票上的付款银行名称和地点一般是由付款银行提前印制上去的。

(四)金额

在货币标识符号后书写小写金额,应尽量贴近货币符号的边缘书写,避免金额被修改。

小写金额的书写要清楚、准确,并注明小数点,超过 3 位数还需标注千分位,如:1,234.50。如果金额后面有"/"符号的,则在金额与该符号之间加上"——",如 HK $ 1,234.50——/。如果金额后面没有任何符号的,则可以在金额后面标注"*",如 HK $ 1,234.50 * *。每个银行对此各有要求,但目的都是避免支票金额被修改。

大写金额必须和小写金额一致,而且书写格式是以千分位为单位进行书写,如:

(1)金额不超过 3 位数的:如 500.00,书写为:Five Hundred only;

(2)金额超过 3 位数的:如 1,111.00,书写为:One Thousand one Hundred and Eleven Only。

(五)出票人名称和签字

有些支票的出票人名称是提前印制上去的,有些不是。签字要求是亲笔签名,不可使用签字章。同时,签字要求必须与开立账户签署文件时的签字一样。

(六)注意事项

在填写支票时,还应注意以下几点:

(1)支票不能有涂改痕迹。

(2)受票人如果发现支票填写不全,可以补记,但不能涂改。

(3)注意支票的有效期。

(4)注意支票的付款期限。支票为见票即付,不记名。

(5)支票丢失,尤其是现金支票丢失,银行不承担责任。支票如果出现遗失,为避免被冒领,应立即按规定进行挂失和办理"无效"手续。我国《票据法》规定,支票只有在付款人收到法院的止付通知后,才算完成了挂失支付的程序。

 汇票、本票、支票的异同

(一)相同点

(1)都是设权有价证券,即票据持票人凭票据上所记载的权利内容,来证明其票据权利以取得财产。

(2)都是格式证券,票据的格式(其形式和记载事项)都是由法律(票据法)严格规定的,不遵守格式对票据的效力有一定的影响。

(3)都是文字证券,票据权利的内容以及与票据有关的一切事项都以票据上记载的文字为准,不受票据上文字以外事项的影响。

(4)都是可以流通转让的证券。

(5)具有相同的票据信用功能和支付功能。

(二)不同点

(1)本票是 Promise,约定(约定本人付款)证券;汇票是 Order,命令(命令他人付款)

证券;支票是 Order,命令支付证券,但受托人只限于银行或其他法定金融机构。

(2)汇票和支票有三个基本当事人,即出票人、付款人、收款人,而本票只有出票人(付款人和出票人为同一个人)和收款人两个基本当事人。

(3)支票的出票人与付款人之间必须先有资金关系,才能签发支票;汇票的出票人与付款人之间不必先有资金关系;本票的出票人与付款人为同一个人,不存在所谓的资金关系。

(4)支票和本票的主债务人是出票人,而汇票的主债务人在承兑前是出票人,在承兑后是承兑人。

(5)汇票和本票的期限都分为即期和远期两种,但远期汇票需要承兑,本票无须承兑。支票的期限为见票即付,无须承兑。

(6)汇票的出票人担保承兑付款,若另有承兑人,由承兑人担保付款;支票的出票人担保支票付款;本票的出票人自负付款责任。

(7)支票、本票持有人只对出票人有追索权,而汇票持有人在票据的有效期内对出票人、背书人、承兑人都有追索权。

(8)汇票可以有复本,张数可以是一张,也可以是两张;而本票、支票则没有,张数都是一张。

技能训练

1. 选择题

(1)国际贷款收付在采用非现金结算时的支付工具是(　　)。
A. 货币　　　　　B. 支票　　　　　C. 汇票　　　　　D. 本票

(2)某银行签发一张汇票,以另一家银行为受票人,则这张汇票是(　　)。
A. 商业汇票　　　B. 银行汇票　　　C. 商业承兑汇票　D. 银行承兑汇票

(3)在汇票的使用过程中,使汇票一切债务终止的票据行为是(　　)。
A. 提示　　　　　B. 承兑　　　　　C. 背书　　　　　D. 付款

(4)远期汇票付款期限的规定方法有(　　)。
A. 见票即付　　　　　　　　　　　B. 见票后若干天付
C. 出票后若干天付　　　　　　　　D. 提单日后若干天付

(5)支票必须记载的事项有(　　)。
A. 无条件支付命令　　　　　　　　B. 确定的金额
C. 付款银行名称和地点　　　　　　D. 出票地点

2. 判断题

(1)汇票的出票人是唯一的担保承兑付款人。(　　)
(2)支票是可以流通转让的证券。(　　)
(3)汇票持有人在票据的有效期内对出票人、背书人、承兑人都有追索权。(　　)

(4)汇票是只有两张的。   (   )

(5)票据的格式可以自行制定,对票据的效力无影响。   (   )

3. 案例分析

  2020年,某外国商人用渣打银行的假本票为幌子,企图靠拆借给他人钱财从中赚取利润。该外国商人通过中间人认识了中国商人林某。在与该外国商人接触期间,林某无意间说起公司出现资金周转困难。该外国商人随即向林某表示,他手头上有一张渣打银行1000万美元的本票,可以先借给林某一部分资金,以解燃眉之急。该外国商人提出将1000万美元拆借给林某,但林某必须先付50万人民币保证金。林某决定就按该外国商人的意思,预付给他50万人民币作保证金。两天后,林某带着现金与该外国商人见面,其间识破该外国商手中的那本渣打银行的本票是假的,马上报了警。该外国商人没想到到保证金没拿到,反将自己送到了被告席上。之后,该外国商人因涉嫌诈骗罪,被当地检察院提起公诉。

  请分析上述案例。

模块 2
国际结算方式

国际结算方式是指按照一定的条件进行资金国际转移从而清偿债权债务关系的方式，主要包括汇付、托收、信用证和银行保函等。在实践中具体选择哪一种国际结算方式进行结算，通常是结合交易情况、市场销售情况、对方资信情况等由相关当事人协商订立。

国际结算中，结算工具的流向与货款的流向是同一个方向的，属于顺汇(Remittance); 反之则为逆汇(Reverse Remittance)。顺汇包括汇款业务中的电汇、信汇和票汇，逆汇主要包括托收、信用证业务。

项目 3
汇付业务操作

学习目标

【知识目标】
1. 了解汇付的含义、种类、各当事人的职责和业务流程。
2. 理解电汇、信汇和票汇三种汇款方式的特点及流程。

【能力目标】
掌握电汇的业务操作。

任务 1　认知汇付

案例导入

福建 A 公司与巴基斯坦 B 公司签订了一份外贸销售合同,合同约定货物分两批次等量装运,在 2020 年 5 月和 6 月分别发货,付款方式为装运日后 30 天内电汇(T/T)付款。A 公司按要求发出第一批货,将单据快递给 B 公司。其间,A 公司联系 B 公司要求其支付货款,B 公司先是以未到付款期限为由暂不付款,后又百般推托,最后拒绝 A 公司的任何联系。A 公司发现情况异常,立即停止第二批货物的出运。因未及时处理第一批货物,结果该批货物在进口国码头产生大量的堆存费、超期使用费、滞港费等,加上来回运费、清关费等,仅第一批货物就使得 A 公司损失惨重。

案例分析

选择汇付方式结算货款就等于选择了相信进口方的商业信用,这本身就有一定的风险,因此在选择货到付款时要特别谨慎。从福建到巴基斯坦的海运一般需要 15 天左右,选择装运日后 30 天内电汇(T/T)付款意味着选择了货到付款中的赊购方式,对出口方极为不利。采用这种结算方式最终造成 A 公司出现巨额损失。当出口方对客户的资信情况无法判断或不了解时,应尽量选择预付货款的方式,比如选择预付较大比例的货款,收到预付款后再装运。若与高风险国家或地区开展贸易往来,最好采用全额预付款或信用证结算,有必要时还应使用出口信用保险等方式来降低风险。

相关知识

 汇付的含义

汇付(Remittance)又被称为汇款,是指银行在接受汇款人的委托后,以一定的方式通过国外联行或代理行的协作将款项交付给收款人的结算方式。

 汇付的基本当事人

汇付方式有四个基本当事人:汇付人、汇出行、汇入行和收款人。

汇付人(Remitter),又被称为汇款人,是指通过办理汇款申请手续委托汇出行向收款人汇出款项的当事人。在国际贸易中一般是进口方。

汇出行(Remitting Bank),是指接受汇款人的申请后,委托汇入行向收款人解付汇款的银行。在国际贸易中一般是进口方所在地银行。

汇入行(Paying Bank),是指接受汇出行的委托后,向收款人解付汇款的银行。在国际贸易中一般是出口方所在地银行。

收款人(Payee),又被称为受益人(Beneficiary),是指接受汇款人汇出款项的当事人。在国际贸易中一般是出口方或债权人。

 汇付的基本程序

汇付从汇付人填制汇款申请书开始,至收款人收到款项为止,需要经过以下基本环节。

(一)汇付人提出申请

汇付人提交汇款申请书、国家外汇管理局购汇和付汇规定的有效凭证及银行支款凭

证等材料,委托指示银行为其办理汇款业务。

(二)汇出行审核委托申请

银行审核汇款申请书及有效凭证,填写汇款业务工作单,落实汇款资金,确认无误后收取相关费用,接受汇付人的汇款委托业务,向汇付人发出回执。

(三)汇出行发送报文,汇出款项

汇出行根据汇付人的委托缮制付款指令,发送报文,通过外汇清算系统将款项汇出。电汇业务由汇出行发送加押后报文给汇入行;信汇业务由汇出行有权签字人审核签字后,通过邮寄寄出报文给汇入行;票汇业务一般由汇出行将汇票直接交给汇付人,同时向汇入行寄出票汇通知书或票根。

(四)汇入行执行付款指令

汇入行根据业务类型审核付款凭证,如付款电子信息、信汇委托书、银行汇票等,同时落实款项。上述两项均符合要求后,汇入行执行付款指令,向收款人解付汇款。

(五)汇款止付和退汇

付款指令发出后,在汇入行未将汇款解付前,只要符合银行受理止付/退汇的业务规则,汇出行就可以受理汇款人汇出汇款的止付和退汇申请。

> **知识链接**
>
> ## SWIFT系统
>
> SWIFT是环球银行金融电信协会(Society for Worldwide Interbank Financial Telecommunication)的英文简称,是国际银行同业间的合作组织,于1973年在比利时布鲁塞尔成立,目前全球大多数国家的大多数银行已使用SWIFT系统。SWIFT系统为银行的结算提供了安全、可靠、快捷、标准化、自动化的通信业务,从而大大提高了银行的结算速度和结算质量。
>
> SWIFT系统的特点如下:
>
> (1)使用SWIFT系统需要会员资格,大多数专业银行都是其成员。
>
> (2)SWIFT系统的费用较低。同样多的内容,SWIFT系统的费用只有TELEX(电传)的18%左右,只有CABLE(电报)的2.5%左右。
>
> (3)SWIFT系统的安全性较高。SWIFT系统的密押比电传的密押可靠性强,保密性高,且具有较高的自动化。
>
> (4)SWIFT系统的格式具有标准化特点。对于SWIFT电文,SWIFT组织有着统一的格式和要求。

四、汇付方式存在的风险

（一）货到付款

货到付款是指出口方先发货,在进口方收到货物后其再将货款汇付给出口方。虽然不同的货到付款方式在付款时间点上有细微的差别,但是对进口方而言,风险小,不用承担资金风险,均由出口方承担收不到或收不齐货款的风险。

1. 赊销(Open Account,O/A)

赊销是指先交货后付款,即出口方在没有得到货款或货款支付保证的情况下,将货物和运输单据发送给进口方,由进口方提货并处理货物的一种贸易方式。在这种情况下,进口方未付款先得货,且可以自行处理货物,出口方能否得到货款完全依赖于进口方的信誉好坏,一旦进口方违约,就会导致出口方钱货两空。

2. 寄售(Consignment Sales)

寄售是指由货主将准备销售的货物运往国外寄售地,委托当地的代销人按照寄售协议的规定,代其在当地市场上进行销售,货物售出后,再由代销人按协议规定与货主结算货款的一种贸易方式。

3. 售定(Be Sold Out)

售定是指按照交易双方签订的合同,出口方先发货,进口方收到货物后再支付货款的一种贸易方式。

4. 租购(Hire Purchase Trade)

租购是指出口方在整个交易过程中始终拥有货权,进口方按协议规定以分期付款的方式最终完成付款获得货权的一种贸易方式。

（二）预付货款

预付货款是指进口方先将部分或全部货款汇付给出口方,出口方在收到货款后才发货给进口方。这种方式对出口方有利,前提是出口方要把控好预付货款的比例。对出口方而言,这种方式风险小,资金负担轻;主要风险和资金负担由进口方承担,可能存在款已付但收不到货或货不对板等风险。

五、汇付风险的防范

(1)通过银行、国际商会等机构对国外客户进行充分、有效的资信调查,从经济实力、经济效益、履约能力和商业信誉等方面全面了解对方的资信情况。

(2)出口方应分析市场情况,对进口市场的抢手货和滞销货、销售旺季和淡季等情况分别调查清楚。

(3)进口方在保证自己权益、减少预付货款风险方面,可以委托银行制定解付条件,只有当收款人达到解付条件要求(如提供银行保函、个人书面担保、全套货运单据等凭证)时才予以解付汇款。

(4)交易过程中应密切关注对方国家的政治环境与政策变化、交易对象的经营情况、货物抵港情况等,以及时应变。

任务2　认知电汇与信汇

案例导入

我国A公司(出口方)与某国B公司(进口方)签订了一份销售合同,其中规定支付条款为装运前15天电汇(T/T)付款。A公司没有等到对方的电汇付款,而是在装运期收到一张B公司航邮寄来的银行汇票。B公司声称已办理了票汇付款,其委托的汇出行已将货款汇出。为保证按期交货,A公司于收到汇票的当天将已备好的货物及时办理托运,在次日出运完毕。同时寄出运输单据,并委托其账户银行代收货款。后来,A公司接到银行通知,表示该汇票是伪造的,已遭退票,无法收到款项。此时,A公司急忙跟进货物,发现货物早已抵达目的港,并已被B公司凭单提走。A公司联系B公司要求付款,但B公司早已无法联系,人去楼空。A公司财货两空。

案例分析

本案例中,B公司将合同中的装运前15天电汇(T/T)付款变更为票汇付款。A公司接受了这一变更,风险被大幅提高,A公司竟毫无警觉意识。同时,A公司收到汇票后,在得到银行对汇票真伪性、是否能顺利收到款项等事项的确认前,直接发货寄单,在业务过程中也未及时掌握货物动向,对进口方资信缺乏了解,这些都是导致其财货两空的重要原因。

相关知识

一、电汇

电汇(Telegraphic Transfer, T/T)是汇出行应汇款人申请,利用加押电报或电传等电信工具,将一定金额的款项汇交给汇入行并委托其解付汇款给收款人的汇款方式。

(一)电汇的特点

1. 资金汇兑速度快

电汇利用电子通信手段,如环球银行金融电信协会(SWIFT)的电子通信服务,使得电汇支付指令的发起至送达仅需短暂时间(如数秒)即可完成。

2. 优先级别高

电汇业务均需即时处理,优先级别高,交款迅速,银行难以占用在途汇付资金。

3. 安全系数高

电汇普遍采用电传、电报、SWIFT 系统等银行间的直接通信方式发出,避免了邮递环节,产生汇付差错、信息遗失、泄密等意外的可能性大大降低,具有较高的安全保密性能。

(二)电汇的业务流程

电汇的业务流程如图 3-1 所示。

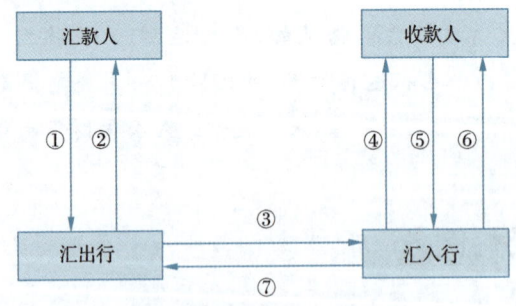

图 3-1 电汇的业务流程

微课:电汇业务操作

图 3-1 中:
①汇款人填写电汇汇款申请书,注明"电汇"(T/T)字样,并向汇出行交款付费。
②汇出行审核、接受申请,在收妥汇款款项和费用后,将电汇回执交予汇款人。
③汇出行根据汇款申请书,用加注双方约定使用的密押(Test Key)的电传、电报或 SWIFT 系统等向汇入行作委托付款指示。
④汇入行收到委托付款指示后,核对密押相符后,向收款人发出电汇通知书,通知其

收款。

⑤收款人凭电汇通知书和收款人收据向汇入行取款或委托其开户行代为收款。

⑥汇入行收到收款人的收款收据后,向其或其指定的银行解付汇款。

⑦汇入行解付汇款后,将付讫通知书寄给汇出行。

二、信汇

信汇(Mail Transfer,M/T)是指汇出行接受汇款人的申请后,利用航空信函方式寄出信汇委托书(M/T Advice)或支付委托书(Payment Order)指示汇入行解付一定金额给收款人的汇款方式。

(一)信汇的特点

(1)汇费相对低廉。
(2)资金汇付速度取决于邮递速度,因此相对较慢,收款时间较长。
(3)风险较大,航邮过程中若出现遗失或延误,银行均不承担责任。
(4)因航邮时间较长,款项在途时间相应较长,其间银行可短期占用资金。

从风险规避、讲求效率及投资回报等角度来看,信汇方式已出现被淘汰的趋势。

(二)信汇的业务流程

信汇的业务流程如图 3-2 所示。

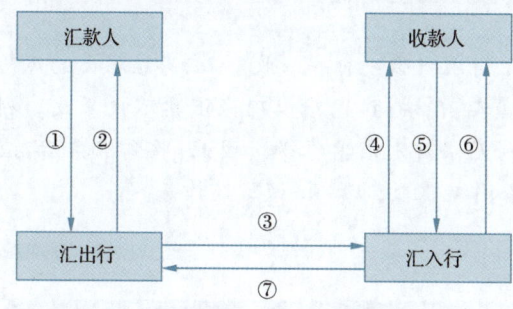

图 3-2 信汇的业务流程

微课:信汇业务操作

图 3-2 中:

①汇款人填写信汇汇款申请书,注明"信汇"(M/T)字样,并向汇出行交款付费。
②汇出行审核、接受申请,在收妥汇款款项和费用后,将信汇回执交予汇款人。
③汇出行根据汇款申请书内容,用航邮方式寄出信汇委托书或支付委托书(不加注密押),向汇入行作委托付款指示。
④汇入行收到委托付款指示后,核对汇出行签字/签章相符合后,向收款人发出信汇通知书,通知其收款。
⑤收款人凭信汇通知书和收款人收据向汇入行取款或委托其开户行代为收款。
⑥汇入行收到收款人的收款收据后,向其或其指定的银行解付汇款。
⑦汇入行解付汇款后,将付讫通知书寄给汇出行。

任务3　认知票汇

案例导入

我国内地A公司（出口方）与香港B公司（进口方）签订了一项300万港元的外贸销售合同，合同规定出口方收到进口方的银行汇票后交货。不久，B公司带来一张由香港汇丰银行开出的即期汇票，金额为300万港元。B公司将汇票交给A公司，上门提货。A公司在交货前把汇票交予自己的账户行（C银行），要求C银行核对汇票是否真实。C银行核对汇票"印鉴相符"，但在汇票金额处发现有涂痕，立即通知A公司汇票有疑点，切勿出货，待进一步核实。C银行随即向香港汇丰银行查询求实。对方复电表示该汇票确属该行开出，但金额仅为300港元，而非300万港元。经进一步核查证明，该汇票是B公司将银行汇票领出后自行做了金额涂改后，再交给A公司冒充为货款来取货的。

案例分析

本案例说明，银行开出汇票由汇付人自带或自寄给收款人，存在很大的风险。汇票本身可能是伪造的，即使汇票是真实、合法的，也难以确保汇票不被篡改。利用汇票进行诈骗的案例不在少数，一般人无法辨别汇票真伪。因此，收到汇票后，应主动联系银行帮忙鉴别，并与银行密切合作确保收到款项，谨防欺诈。

相关知识

票汇（Remittance by Bankers Demand Draft，D/D）是汇出行接受汇款人的申请后，代其开立的以汇入行（一般为汇出行的海外分行或代理行）为付款人的银行即期汇票，并交给汇款人，由汇款人自带或自寄给收款人，收款人在收到该汇票时即可凭此汇票向汇入行凭票取款的汇款方式。

（一）票汇的特点

（1）汇款人可以自带或自寄汇票给收款人，由收款人凭票取款；也可以按票据法的规定通过背书转让汇票，实现了汇票的可流通性质。票汇取款的灵活性便利了收款人及汇票的受让人。

(2) 汇入行无须通知收款人取款,而是由收款人自行持票取款。

(3) 汇票自带或自寄速度直接影响汇票的汇兑速度,加上汇票可以在市场上流通,所以银行可以无偿占用的资金时间比其他汇款方式的要久。

(4) 汇票由汇款人自带或自寄,这个过程脱离了银行体系,加上背书转让等环节的增加,汇票被盗、被伪造、丢失等风险也随之增加。

(二) 票汇的业务流程

票汇的业务流程如图 3-3 所示。

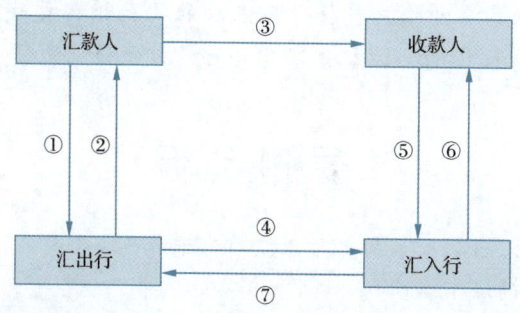

图 3-3 票汇的业务流程

图 3-3 中:

①汇款人填写票汇汇款申请书,注明"票汇"(D/D)字样,并向汇出行交款付费。

②汇出行审核、接受申请后,开立一张以汇入行为付款人的银行即期汇票交给汇款人。

③汇款人通过自带或自寄方式将汇票交给收款人。

④汇出行将票汇通知书(票根)航邮寄给汇入行。

⑤收款人向汇入行提示银行即期汇票要求付款。

⑥汇入行借记汇出行账户,取出头寸,解付汇款给收款人。

⑦汇入行解付汇款后,将付讫通知书寄给汇出行。

任务 4　汇款申请书的填写

案例导入

2019 年 9 月,广州 A 银行某支行有一笔美元通过其分行汇款部办理汇款,分行汇款部经办人员在审查时发现汇款申请书中收款银行一栏只填写了"The Hong Kong and Shanghai Banking Corp. Ltd."(汇丰银行),而没有具体的城市名。汇丰银行在世界各地有众多的分支机构,因此,汇出行的海外账户行在收到这个汇款指令时无法执行。为此,该分行汇款部的经办人员即以电话询问支行的经办人员,后者称当然是指中国香港地区的汇丰银行,城市名称应该是中国香港。该分行汇款部经办人员即以汇丰银行中国香港分行作为收款人向其海外账户行发出了付款指令。时隔多日,汇款人到汇出行查询后,称收款人迄今尚未收到该笔款项,请汇出行查阅于何日汇出。分行汇款部当即致电海外账户行告知收款人称尚未收到汇款,请复电告知划付日期。汇出行的海外账户行回电称,该笔汇款已由收款银行退回,理由是无法解付。这时,汇出行又仔细查看了汇款申请书,发现收款人的地址是新加坡,那么收款银行理应是新加坡的汇丰银行而不是中国香港的汇丰银行。在征得汇款人的同意后,汇出行重新通知其海外账户行将该笔汇款的收款银行更改为"The Hong Kong and Shanghai Banking Corp. Ltd. , Singapore"才最终完成了这笔汇款业务。

案例分析

本案例中该笔汇出款项最初之所以没有顺利解付,是因为汇出行没有准确向汇入行提供收款银行的城市名。

本案例向我们提示了汇款人正确填写汇款申请书的重要性,尤其是收款人或收款银行的详细地址,比如城市名称和国家名称等,不能填错或漏填。对于银行工作人员来说,应该认真审查汇款申请书,当发现汇款人填写的信息不全时,应请其详细填写,以防汇错地址,导致收款人收不到款项或被人误领。当由于某些原因汇出行不能确切知道收款行或收款人的详细地址时,应向知情的当事人询问清楚,不能主观推测。这样有利于保护汇款人和收款人的权益。

相关知识

 汇款申请的提出

在国际结算中,汇付人须向汇出行提出汇款申请,并向银行递交境外汇款申请书,这是汇款人与汇出行之间的书面契约。汇款人应当正确填写汇款申请书,并对填制过程中存在的错漏引起的后果自行承担责任。汇款人填好汇款申请后,应将购汇付汇等的有效凭证及款项一起交给汇出行,汇出行审核符合要求后受理汇款业务,双方的契约关系达成。

 汇款申请书的填写

汇款申请书样本如下:

APPLICATION FOR FUNDS TRANSFERS (OVERSEAS)

To: _____ 分行　　Date: _____

☐ 电汇 T/T　　☐ 票汇 D/D　　☐ 信汇 M/T　　发电等级　☐ 普通 Normal　☐ 加急 Urgent

申报号码 BOP Reporting No.			
20	银行业务编号 Bank Transac. Ref. No.		收电行/付款行 Receiver/Drawn on
32A	汇款币种及金额 Currency & Interbank Settlement Amount		大写金额 Amount in Words
50a	汇款人名称及地址 Remitter's Name & Address		
54/56a	收款银行的代理行名称及地址 Correspondent of Beneficiary's Bank Name & Address		
57a	收款人开户银行名称及地址 Beneficiary's Bank Name & Address	收款人开户银行在其代理行的账号: Beneficiary's Bank A/C No.	
59a	收款人名称及地址 Beneficiary's Name & Address	收款人账号: Beneficiary's A/C No.	
70	汇款附言 Remittance Information	只限 140 个字位 Not Exceeding 140 Characters	71A 国内外费用承担 All Bank's Charges if Any Are To Be Borne by ☐ 汇款人 OUR ☐ 收款人 BEN ☐ 共同 SHA
收款人常驻国家(地区)名称及代码 Resident Country/Region Name & Code			

(1)汇出行(To)和日期(Date)

在"To"对应处填写汇出行(Remitting Bank)的英文名称,在"Date"对应处填写此申请书的提交日期。

(2)汇款方式(Method of Remittance)和发电等级(Priority)

在电汇(T/T)、票汇(D/D)、信汇(M/T)选项中进行选择。如果选择的是电汇(T/T)项,还需在发电等级中的"普通(Normal)""加急(Urgent)"两个选项中进行选择。

(3)申报号码(BOP Reporting No.)

BOP是国际收支平衡表的英文缩写,由银行根据国家外汇管理局有关申报号码的编制规则来编制。

(4)银行业务编号(Bank Transac. Ref. No.)和收电行/付款行(Receiver/Drawn on)

此两栏由银行填写。

(5)汇款币种及金额(Currency & Interbank Settlement Amount)和大写金额(Amount in Words)

在"汇款币种及金额"处填写申请汇款币种的国际标准代码及金额小写,金额四舍五入保留至两位小数,在"大写金额"处填写英文文字金额,注意文字金额须与数字金额保持一致。

(6)汇款人名称及地址(Remitter's Name & Address)

在此栏填写汇款人名称(全称)及详细地址。

(7)收款银行的代理行名称及地址(Correspondent of Beneficiary's Bank Name & Address)

填写收款银行的代理行的英文名称和所在国家(或地区)、城市及其在清算系统中的识别代码(若无则不填)。

(8)收款人开户银行名称及地址(Beneficiary's Bank Name & Address)和收款人开户银行在其代理行的账号(Beneficiary's Bank A/C No.)

填写收款人开户银行的英文名称和所在国家、城市及其在清算系统中的识别代码(若无则不填),并填写收款人开户银行在其代理行的账号。

(9)收款人名称及地址(Beneficiary's Name & Address)和收款人账号(Beneficiary's A/C No.)

填写收款人英文名称、地址及其银行账号(一般填收款人的外币账号)。

(10)汇款附言(Remittance Information)

若汇款人需对其所汇款项做必要说明,则在此栏对应处用英文填写,须注意字符数限制。

(11)国内外费用承担(All Bank's Charges if Any Are To Be Borne by)

由汇款人明确办理此项业务所产生的国内外费用的分摊方式,并在汇款人(OUR)、收款人(BEN)、共同(SHA)三个选项中选择。

(12)收款人常驻国家(地区)名称及代码(Resident Country/Region Name & Code)

填写该笔境外汇款的实际收款人常驻国家或地区的名称及代码。

技能训练

结合所学知识,分析以下案例,并从中得出启示。

2020年,中国内地A公司向中国香港B公司出口一批货物,签订的合同中规定支付方式为不可撤销即期信用证,由B公司负责申请开立信用证,同时B公司表示要将货物转售给德国的C公司,因此合同规定由A公司直接将货物运至德国。由于临近信用证应到时间而始终未能收到信用证,A公司开始催促B公司尽快办理业务。B公司一直借故拖延,在A公司反复催促后,最终于约定装运期前一个星期,A公司才收到B公司银行开来的信用证。但是信用证条款与合同存在多个不符点。为确保安全收汇,A公司坚持要修改信用证。但是船期已近,若赶不上当前批次的船期,出运货物的时间和收汇时间都会受到影响。A公司坚持不修改信用证就不出运货物,此时B公司提出使用T/T汇货款给A公司。A公司提出同意在收到对方汇款凭证传真后再发货,并在收到货款后再寄单。第二天A公司收到了B公司发来的汇款凭证传真件,经A公司银行审核后表示签证无误,但银行提醒A公司最好收到款项再发货。A公司考虑再三,认为只要不寄出单据对方就无法提货,不必等款到再发货了,于是安排货物装运并向B公司发了装船电文。之后一个月A公司仍未收到款项,经查询才知,B公司发的汇款凭证只是其向银行买的一张有银行签字的汇票,B公司传真给A公司作为汇款的凭证后,B公司把汇票退回给了银行,办理了撤销退付手续。

项目 4
托收业务操作

学习目标

【知识目标】

了解托收的定义及基本业务流程。

【能力目标】

掌握托收业务的基本操作。

任务 1　办理托收申请

案例导入

中国A公司在2020年多次向美国B公司出口货物,其间指示中国C银行将全套物权单证寄给华盛顿D银行,要求其按付款交单方式完成托收。但D银行工作出现失误,误将付款交单按承兑交单进行了处理。B公司最终在未付款的情况下向D银行获得了全套物权凭证,并提走了所有货物。事后,B公司一直找各种理由拒绝向A公司付款,A公司货款两空。无奈之下,A公司向人民法院起诉,要求C银行和D银行共同承担责任,对其进行赔偿。法院审理后认为本案的法律关系性质应结合托收的实现方式、当事人意思的表示、当事人的行为以及《托收统一规则》的有关规定等来进行认定,最终,法院判决D银行向A公司偿付相应损失。

相关知识

一、托收概述

（一）托收的含义

托收（Collection）是债权人提交凭以收款的金融票据或商业单据，委托银行向债务人收取款项的一种基于商业信用的国际结算方式。

国际商会制定并颁布的第 522 号出版物《托收统一规则》（Uniform Rules for Collections，《URC522》）中规定："'托收'指银行根据收到的指示处理第 2 条 b 款所定义的单据，以便：取得付款和/或承兑；或凭付款和/或承兑交单；或按照其他条款和条件交单"。

其中，单据是指金融单据及/或商业单据。金融单据包括用于获得买方货款的汇票、本票和支票。商业单据是指卖方根据合同提供的海运提单、商业发票、保单及非金融单据的其他任何单据。

（二）托收的特点

（1）托收是典型的以商业信用为基础的一种结算方式，最大的特点就是"收妥付汇、实收实付"。银行在托收业务下只是担任代理角色，发挥中介作用，不承担付款责任。因此，托收缺乏第三者对买卖之间的交货和付款做出可靠的信用保证，对进出口双方而言，利益风险很不平衡，出口方的风险要更大一些。

（2）托收方式是逆汇的，即出口方开出汇票（或发票），连同双方合同中所约定的其他金融单据及/或商业单据，委托银行要求进口方付款，进口方审单无误后通过银行对出口方付款。结算工具（汇票）的走向与货款的流向是相反的。

（3）合同规定须附有代表物权的货运单据的托收为跟单托收，若合同规定无须附有此类单据的，则是光票托收。

（三）托收的主要当事人

1. 委托人（Principal）

委托人是委托银行代其向付款人收取款项的人。在国际贸易跟单托收业务中，委托人通常为出口方。

2. 托收行（Remitting Bank）

托收行又名寄单行，是接受委托人的委托，通过国外联行或代理行向付款人收取款项的银行。在跟单托收业务中，托收行一般是出口方所在地银行。

3. 代收行（Collecting Bank）

代收行是接受托收行委托向付款人收款的国外联行或代理行。在跟单托收业务中，代收行一般是进口方所在地银行。

4. 付款人（Drawee）

付款人是被提示付款或承兑的当事人。在跟单托收业务中，汇票中指定的付款人就是银行向其提示汇票和单据要求其付款的当事人。

5. 提示行（Presenting Bank）

提示行是向付款人提示汇票和单据的银行。一般情况下，向付款人提示汇票和单据的银行就是代收行本身。如果代收行与付款人无往来关系，为方便收款，代收行会根据业务需要来委托付款人的往来银行作为提示行。

（四）托收当事人之间的关系

1. 委托人与付款人之间

双方在托收业务发生之前已产生合同或业务关系。在货物进出口贸易中，委托人即出口方，付款人即进口方。在其他经济交易中，委托人一般为款项收取方，付款人为款项支付方。

2. 委托人与托收行之间

两者之间通过托收申请书（Collection Application）构建委托代理关系。

3. 托收行与代收行之间

两者之间是委托与受托关系，即代收行是托收行的代理人，须严格按照托收委托书（Collection Advice）产生行为。根据《URC522》的规定，除非委托人指定了代收行，否则托收行可自行选择符合条件的任何一家银行为代收行。

4. 付款人与代收行之间

两者之间不存在契约关系，同时，付款人与托收行之间亦不存在契约关系。付款人是否付款，取决于其自身信用以及委托人是否已履行了合同所规定的义务。

（五）托收的类型

托收可以按是否带有商业单据分为光票托收和跟单托收。

1. 光票托收（Clean Collection）

光票托收是指不附带商业单据的纯粹金融单据的托收。在实务中，人们常把附带商业发票等不代表物权的商业单据的金融单据的托收，也视为光票托收。光票托收多用于收取佣金、代垫费用、样品费、货款尾数、保险费等小额货款。在光票托收下，支付工具可以是汇票、支票、本票和/或其他取款凭证。

2. 跟单托收（Documentary Collection）

跟单托收是指附带商业单据（特别是代表物权的商业单据）的金融单据（汇票和/或其他取款凭证）的托收或纯粹商业单据的托收，是出口方（委托人）在装运货物后，委托银行通过随附货运单据给进口方的方式代为收款的一种结算方式。跟单托收允许出口方保留货物的所有权，直到他们收到或确信他们将收到货款后再向进口方交单。货款的托收既可以采取全部货款跟单托收的方式，也可以采取主要货款跟单托收与小额余款光票托收或汇付相结合的综合收款方式。与光票托收相比，跟单托收相对更安全。

跟单托收又可按其交单条件的不同进一步分为付款交单和承兑交单两种。

（1）付款交单（Document against Payment，D/P）是指出口方指示托收行和代收行在进口方付清托收款项后，方可向其交单，即进口方先付款后收单。在付款交单条件下，进口方取得单据的前提是完成付款。

根据付款时间的不同，付款交单又可分为即期付款交单和远期付款交单。

①即期付款交单（Document against Payment at Sight，D/P at Sight）是指出口方根据合同规定出运货物后，开具即期汇票（亦可没有汇票），连同相关商业单据委托银行向进口方提示付款。进口方见票后审核单据，认定单据无误后须立即按合同规定金额全数付款，之后方可向代收行赎取单据。

②远期付款交单（Document against Payment after Sight，D/P after Sight）是指出口方根据合同规定出运货物后，开具远期汇票，连同相关商业单据委托银行向进口方提示承兑。进口方见票后审核单据，认定单据无误后即对汇票进行承兑，并于汇票到期日付清

票款后,方可向代收行赎取单据。

(2)承兑交单(Document against Acceptance,简称 D/A)是指出口方根据合同规定出运货物后,开具远期汇票,连同商业单据委托银行向进口方提示承兑。进口方见票后审核单据,认定单据无误后即对汇票进行承兑,承兑后即可向代收行领取单据,并于汇票到期日再履行付款义务。在承兑交单条件下,进口方取得单据的前提是对远期汇票进行承兑。

承兑交单允许进口方在承兑后未付清货款前取得单据并据此完成提货,是一种非常便利的操作。但对出口方而言,一旦失去对单据即货权的控制权,即使持有一张已承兑的远期汇票,也可能面临进口方到期拒付货款的风险,出口方可能将遭受钱、货两空的损失。

(六)跟单托收业务流程

跟单托收业务流程如图 4-1 所示。

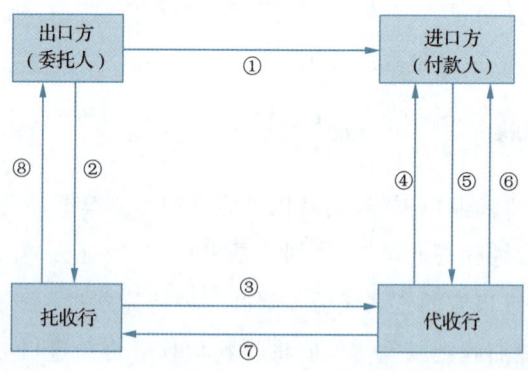

图 4-1　出口托收业务流程

图 4-1 中:

①出口方按买卖合同发货。

②出口方在取得货运单据之后,开出汇票并填写托收申请书,委托托收行代为收款。

③托收行按委托人的要求和指示缮制托收委托书,并通过 SWIFT 系统或快递邮寄等方式发送至代收行,同时将跟单汇票和其他单据一起寄交代收行。

④代收行接到托收委托书及跟单汇票等全套单据后,根据托收委托书的指示向进口方提示。

⑤进口方履行付款或承兑义务。

⑥代收行向进口方交付全套单据。进口方凭相关单据办理提货和进口手续。

⑦代收行将收妥的款项划入托收行账户并通知托收行。

⑧托收行与出口方办理结汇手续。

项目4 托收业务操作

任务 2 填写托收申请书

案例导入

A公司以付款交单(D/P)方式出口货物至英国,委托国内A银行将单证寄给英国B银行并转给进口方所在城市的C银行代收。后来C银行破产,A公司始终没有收到货款,要求A银行退回有关单证却毫无结果。A公司向法院起诉A银行,请问A银行需承担什么责任?

案例分析

根据《URC522》,在托收方式下,托收行与委托人(出口方)之间只是受托与委托关系,托收行根据委托人的委托要求和指示行事,可选择委托人指定的银行或自行选择其他银行作为代收行,同时,全套单据和托收委托书可直接或间接通过别的银行寄给代收行。由于全套单据和托收委托书在寄送途中的延误和丢失所引起的后果,以及由于不可抗力或其他任何非托收行自身原因致使业务中断所造成的后果,托收行均不承担责任。

在本案例中,若托收行(A银行)按照托收委托书履行完毕有关义务,A银行对C银行破产引发的问题不负任何法律责任。

相关知识

托收申请书的含义

托收申请书(Collection Application)由出口方填写,连同汇票(如需要)和货运单据交托收行,委托其代收货款。托收行根据托收申请书缮制托收委托书,除另有规定外,托收行将托收委托书连同汇票等单据一并交代收行委托其代收。

托收申请书的填制

托收申请书是委托人与托收行之间委托与被委托的关系的契约文件,是银行进行该笔托收业务的依据,也是银行填制托收委托书的根据,因此托收委托书的内容与托收申请书的内容应严格一致。

托收申请书的内容主要包括：

(1) 托收行和代收行，填写英文全称、地址、电传、电话、传真号和 SWIFT 号等。

(2) 付款人，填写英文全称、地址、电传、电话和传真号等。

(3) 托收申请书的编号。

(4) 托收方式的选择，明确是跟单托收还是光票托收。

(5) 托收申请书的有效期限。

(6) 托收的汇票编号和金额。

(7) 单据清单。

(8) 实收款项的处置，说明代收行款项收妥后怎么处置，可以是将收妥款项拨付到委托人的托收行账户，也可以是拨付到指定银行的指定账户。

(9) 托收指示明细。如明确交单条件是付款交单，还是承兑交单。

(10) 备注。诸如请代行代为缮制单据及其式样和用语要求；对于远期 D/P 托收提前付款的许可及其贴息算法等。

(11) 委托人名称及其法人代表签字/签章。

托收申请书样本如下：

APPLICATION FOR DOCUMENTARY COLLECTION

To: Date:

We enclose for collection
Please follow instruction prefixed "×"
Draft No. _____ Amount _____ Tenor _____
Drawn on _____

The following documents marked with letter "×" are attached

Draft	Comm. Inv.	Cust. Inv.	Pack/W. T. List	Qual. /Quan. Cert.
Insp. Cert.	Ins. Police	B/L/AWB	TLX FAX Cable	Orig. Cert.

☐Deliver documents against payment   ☐Do not protest
☐Deliver documents against acceptance   Protest for ☐Non-payment☐Non-acceptance
☐All collection charges are for A/C of drawer   Cable advice of☐Non-payment☐Non-acceptance
☐All collection charges are for A/C of drawee   ☐Have proceeds remitted by cable☐waive or☐ do not waive charges of refuse by drawee
☐Airmail expenses for forwarding documents for account of drawee
☐Allow drawee discount of USD _____
☐Interest to be collected at _____ % p. a. from _____ to _____
☐In case of need refer to _____
☐Credit our account with proceeds
Special instructions：

Your faithfully

_____
Authorised Signature

跟单托收委托书样本如下：

微课：制作跟单托收委托书

跟单托收委托书（正面）

致：中国银行广州分行 To: BANK OF CHINA GUANGZHOU BRANCH We hand the undermentioned item for disposal in accordance with the following instructions and subject to the terms and conditions set out overleaf for ☒ Collection 代收 ☐ Negotiation under Documentary Credit	Original Collection Application Date：Nov. 15, 2020 兹送上下列文件，请按照下述指示办理，本司并同意遵照背面之条款。 ☐ Please advance against the bill/documents 请予垫款 ☒ Please do not made any advance 无须垫款
	议付信用证下单据

Please mark no. of Documents attached 请填上下列文件的份数											
				我司账号 Our A/C No. 0201107-365-7681							

Draft 汇票	Bill of Lading 提单	Airway Bill 空运单	Cargo Receipt 货物收据	Invoice 发票		Memo. 中旅社 承运 收据	Cert. of Qual. /Quan. 品质/数 量证明书	Cert. of Origin 产地 证明书	Ins. Pol. /Cert. 保险单 /证书	Packing List 装箱单	Bene. Cert. 受益人 证明书
				Comm.	Cust.						
2/2	3/3			2/2			1/1	1/1			

Other Documents 其他文件
Drawee 付款人 Good Luck Co., Hong Kong

Issuing Bank 开证银行	Documentary Credit No. 信用证编号
Tenor 期限 30 DAYS SIGHT DRAFT No. /Date 票号/日期 Nov. 13, 2020	Draft Amount 金额 USD527360.00

For "BILLS NOT UNDER L/C "PLEASE FOLLOW INSTRUCTIONS MARKED "×"
如属非信用证下单据请按下列有"×"之条款办理

Deliver documents against ~~PAYMENT~~/ACCEPTANCE 付款/承兑交单

☐ Acceptance/payment may be defered pending arrival of carrying vessel 货到后方承兑/交款

Collection charges outside Guangzhou for account of Drawee 外埠代收手续费付款人负担

Please collect interest at 6% p. a. from Drawee 请向付款人按年息6％计收利息

☐ Please waived interest/charges ☒ Do not waive interest/charges 拒付利息/手续费 可免收/不可免收
if refuse in the event of dishonour 如付款人拒绝承兑或付款

Please warehouse and insure goods for our account 请将各货物入仓投足保险，各项费用由我司负责

☒ Please do not protest ☐ Protest 请不须/即做拒绝承兑/付款证书

☒ Advise dishonour by ☐ Airmail ☒ Cable 若未兑付请以航邮/电报通知

In Case of Need Refer to	Who will assist you to obtain acceptance/payment but who has no authority to amend the terms of the bill 该司会协助贵行取得承兑/付款但无权更改任何条款

☐ Designated Collecting Bank(if any)：指定托收银行

Payment Instructions 请将款项收我司账号
☒ Please credit proceeds to our A/C No. 0201107-365-7681
☐ Others 其他

Other Instructions 其他指示
如有查询，请洽我司。In case of any questions, please contact our Mr. /Miss   Tel No.

For: Guangdong Arts & Craft Imp. & Exp. Co.
_____
Authorized Signature(s)负责人签字

跟单托收委托书(背面)

TERMS AND CONDITIONS

1. Not withstanding anything herein contained, you do not have to pay me/us until the proceeds of the bills and/or documents for collection have actually been received by you and I/we undertake to pay upon demand for any advances howsoever made by you to me/us in anticipation of collection. Any and/or all of such advances made to me/us shall bear interest at such rate(s)(as well after as before judgment) as you may from time to time at your absolute discretion determine. Interest shall be payable upon the expiry of such interest period as you may conclusively determine and if not paid shall itself bear interest at the same rate.

2. Any of your negotiation under documentary credit hereunder shall be with recourse to me/us and in the event of payment not being received by you upon maturity, I/we undertake to repay you the sum negotiated together with interest thereon from maturity to actual payment at such rate(s)(as well after as before judgment) as you may from time to time at your absolute discretion determine. Interest shall be payable upon the expiry of such interest period as you may conclusively determine and if not paid shall itself bear interest at the same rate. I/we hereby declare that you are not under any duty or obligation to exercise any right you may have as holder in due course before you may have recourse on me/us.

3. It is hereby agreed that the above mentioned item is subject to my/our general letter of hypothecation given to you and that in the selection of any correspondent to whom the above mentioned item may be sent for collection and/or negotiation you shall not be responsible for any act, omission, default, suspension, insolvency or bankruptcy or any such correspondent or sub-agent thereof, or for any delay in remittance, loss in exchange or loss of item or its proceeds during transmission or in the course of collection.

4. In case the above mentioned shipment being on C & F or FOB terms, I/we certify that the marine and war risk insurance on the goods have been effected by the buyers.

5. Except as otherwise stated herein, bills for collection are subject to The Uniform Rules for Collections(1995 Revision), International Chamber of Commerce, Publication No. 522, whereas bills for negotiation under documentary credit are subject to "The Uniform Customs and Practice for Documentary Credits(1993 Revision), International Chamber of Commerce Publication No. 500".

任务3　托收风险控制

案例导入

2020年4月10日,中国A公司与美国B公司签订出口合同,双方在合同中约定支付方式是即期付款交单。6月15日,A公司将货物以海运的方式从广州运往西雅图,并取得海运提单。A公司随即将全套单据以及美国D银行(代收行)的资料交给中国C银行(托收行)办理托收。C银行审核后签发了托收指示函,同时告知A公司只能在次日寄单。A公司要求由其自行寄单,C银行同意后A公司取走全套单据和托收指示函,并于当日直接寄给了D银行。D银行于7月2日签收了全套单据和托收指示函。很快,D银行在B公司未付款的情况下自行放单给B公司,致使B公司直接将货物全部提走后拒绝向A公司付款,导致A公司最终遭受了巨大的损失。

案例分析

出口方A公司蒙受损失的原因与美国D银行(代收行)有直接关系,与本地托收行C银行没有关系。D银行违反托收的国际惯例,在进口方B公司没有付款的情况下,就将全套单据交给进口方。根据即期付款交单的国际惯例,代收行具有不可推卸的责任。

一般来说,单据的交寄发生在托收行和代收行之间。本案例中A公司在取得托收行同意的情况下,将托收指示函及各种单据等自行寄交代收行。根据《URC522》的规定,这一行为仍被视为由托收行寄交代收行,符合托收的国际惯例。同时,根据《URC522》第11条a款和b款的规定,"为执行委托人的指示,银行使用另一家银行或其他银行的服务,其费用与风险由该委托人承担;银行对于他们所传递的指示未被执行不承担义务与责任,即使被委托的其他银行是由他们主动选择的也是如此。"因此,本案例中C银行对D银行发出的托收指示是C银行执行的委托人A公司的指示,C银行根据托收指示所产生的行为若产生任何法律后果都只能由委托人A公司承担,本案例中的C银行无过错,不应承担责任。

美国D银行违反了《URC522》中即期付款交单的国际惯例,违反了托收的基本要求,应当承担出口方A的所有损失。根据《URC522》的规定,作为即期付款交单中的代收行,D银行应当在收到托收指示函和全套单据后,向B公司进行提示付款,待B公司付清所有货款后,才能将相应的单据交予B公司。但实际上D银行却在B公司没有付款的情况下,擅自放单给B公司,最终导致A公司蒙受钱货两空的损失。因此D银行应对A公司的损失承担赔偿责任。

相关知识

一、托收的风险

(一)出口方的风险

托收方式下,出口方发货和寄单在先,收款在后。出口方与托收行是委托与被委托的关系,托收行与代收行之间是代理和接受代理的关系。出口方能否收齐款项,几时能收齐,均依赖于进口方的信用。这种主要依靠商业信用开展的进出口业务,出口方承担了较大的风险。

从银行的角度来说,托收意味着"三不管":一不管钱,银行主要的作用是接受收款委托,不承担确切的收取货款的责任;二不管货,如果进口方拒绝付款赎单,货物到达目的地后的照管责任由出口方自行解决,银行没有义务处理;三不管单据,银行只是负责单据的寄送与传递，没有审核单据的责任，即没有辨别单据真伪的责任。托收业务下进口方拥有较大的主动权，而出口方的风险是比较高的，例如进口方因故破产而无力偿付货款；货价突然下跌，进口方预计无利可图或存在亏本的可能性时拒绝赎单或拒绝提货；进口方国家政策变化，限制某类商品进口等。托收业务中出口方普遍要先发货后寄单，在上述情况下往往普遍存在出口方货物和单据均已寄出但无法收到货款、货物到目的地无法处理等问题，导致出口方面临货、款两空的风险。

与信用证业务相比，托收业务费用较为低廉，手续更为简单，易于操作。但是在托收业务中，出口方承担了较大的风险与较重的资金负担（进口方则刚好相反）。

在实际业务中，若可以选择更有保障的支付方式，不主张选择托收。如果非要选择托收，出口方可以考虑采用支付方式组合法，如大比例款项用信用证、小比例款项用托收，发货前电汇、尾款托收，或者力争做D/P、不做D/A等方式降低风险。

（二）进口方的风险

在托收业务下，虽然进口方面临的风险较小，但是在D/P条件下，进口方亦有可能遭遇单货不符或货物劣质的风险。

（三）银行的风险

银行面临的风险相对较小，但银行接受委托或代理后，若因自身因素未能按国际惯例和委托人的指示履行职责，同样要承担由此造成的损失。同时，银行提供融资时必须防范与控制相关风险。

二、出口方选择托收前的注意事项

虽然市场竞争激烈，出口方要考虑市场的开发，但仍要谨慎选择托收方式。如果只能选择托收方式，必须高度重视对进口方、进口国市场的商品行情、进口国政策等进行详细调查，尽量降低风险。

（一）做好进口方的资信情况和经营作风的充分调查

在每次决定使用托收方式前，出口方都必须通过银行、商会等渠道全面、认真、细致地调查进口方的资信情况和经营作风，并根据进口方的具体情况确定不同的授信额度，慎重考虑贸易术语、交易总金额、具体支付方式等，同时密切关注进口方资信情况和经营作风的变化，及时调整对策。

（二）了解商品在进口国的市场动态和进口国的贸易管制、外汇管制

若出现商品在进口国市场销售不佳、进口方在获得商品进口许可方面存在困难等情况，出口方应慎选托收支付。如果已经选择了托收支付，且了解到进口方可能会出现支付问题，一般不宜发货。

(三) 熟悉进口国的相关法律及当地银行处理托收业务的习惯做法

欧洲大陆国家许多银行不做 D/P 远期托收业务，拉美部分国家的银行往往将 D/P 远期按 D/A 处理。若出口方对进口方所在国的法律及银行的习惯做法不够熟悉，为慎重起见可做特别说明。如果出口方不熟悉进口方所在国相关法律及当地银行处理托收业务的习惯做法，建议慎用托收方式。

(四) 按 CIF 或 CIP 条件达成交易合同

在托收业务中，出口方应选择按 CIF 或 CIP 条件达成交易合同。在 CIF 或 CIP 条件下，出口方须代办运输保险，因此，一旦货物在运输途中遇险而进口方又拒绝赎单，出口方可以通过向保险人索赔来降低损失和减少风险。对于货物只能在进口方所在国办理保险的，我国出口方可另行向中国人民保险公司投保"卖方利益险"。一旦货物遇险受损或灭失，进口方又拒付该受损货物的货款，出口方可向中国人民保险公司申请赔偿货物的损失。

技能训练

我国 A 公司（出口方）向印度尼西亚 B 公司（进口方）出口一批儿童车。合同规定 2 月装运，支付方式为不可撤销即期信用证。A 公司于 1 月底备妥货物，几次催促 B 公司开立信用证，B 公司拖延至 2 月 15 日才开立信用证，信用证 2 月 20 日到达 A 公司，装运期为 2 月 28 日。A 公司多方联系，均无法安排当月出运，于是要求 B 公司延展信用证装运期。由于印度尼西亚该类商品市场价格下跌，B 公司提出销售有困难，要求取消合同或改为 D/A 30 天付款的托收方式。A 公司考虑到对方市场的实际困难，以及己方期望达成交易的迫切心理，接受了 B 公司 D/A 30 天付款的要求。货物装运后 A 公司通过银行将单证寄给 B 公司，B 公司进行了承兑赎单，办理了提货，但始终未付款。之后，B 公司提出货物超过一半存在品质问题，要求退货。A 公司提出，"根据合同规定，其品质规格按中国进出口商品检验局出具的品质证书作为最后依据"，不同意退货。

A 公司与 B 公司经过半年的反复交涉仍无果，最后不得不提交仲裁机构进行调解仲裁。A 公司最终能否收到货款还得看仲裁执行结果，而 A 公司因此产生的直接经济损失已达 35 万美元。

综合所学知识，分析上述案例，并从中寻得启示。

项目 5
信用证业务操作

学习目标

【知识目标】
了解信用证的特点、有关当事人及业务流程等基础知识。

【能力目标】
掌握信用证开立、通知、审核等业务操作。

任务 1　申请及开立信用证

案例导入

我国 A 公司（出口方）与马来西亚 B 公司（进口方）签订进出口合同，合同上规定交货期为 2020 年 3 月。签订合同后不久，A 公司收到 B 公司开证行开来的信用证，该信用证规定："Shipment must be effected in or before April, 2020"。A 公司于 2020 年 4 月 15 日装船并顺利结汇。一个月后，B 公司来函要求对未按时装运进行索赔，称索赔费应按国际惯例每逾期一天罚款千分之一的规定进行计算。为什么 A 公司能顺利结汇？B 公司的索赔要求有无道理？A 公司是否需要进行赔偿？

案例分析

信用证是独立自足的文件,与合同无关,因此,只要 A 公司提交的单据与信用证相符,满足"单证相符、单单一致、单内一致",开证行就必须给予结汇,与单据是否跟合同相符无关。A 公司提单中的装船日期在信用证规定的装运期范围内,故只要 A 公司提交的单据是满足信用证规定的,就可以顺利结汇。

由于 A 公司违反了合同中规定的装运期,B 公司按合同提出索赔是合理的。至于 B 公司提出的按国际惯例计算赔偿金额的要求,因为国际惯例本身不是法律,是人们在长期的贸易实践中形成的习惯做法,所以国际惯例对交易双方并无强制约束力,索赔金额应该由双方商议决定。

相关知识

一、信用证概述

(一)国际商会对信用证的定义

随着国际贸易的发展,信用证的应用实践也随之发展,国际商会的相关出版物中对信用证(主要是跟单信用证)的定义也有了不同的表述。

1.《UCP500》对信用证的定义

根据《UCP500》的规定,跟单信用证和备用信用证(以下统称信用证)意指一项约定,该约定不论如何命名或描述,都是指一家银行(开证行)应客户(申请人)的要求和指示或以其自身的名义,在与信用证条款相符的条件下,凭规定的单据完成以下某种操作:

(1)向第三者(受益人)或其指定人付款,或承兑并支付受益人出具的汇票;
(2)授权另一家银行付款,或承兑并支付该汇票;
(3)授权另一家银行议付。

2.《UCP600》对信用证的定义

信用证意指一项约定,该约定无论如何命名或描述,该约定不可撤销,并因此构成开证行对于相符提示予以兑付的确定承诺。

兑付是指:
(1)对于即期付款信用证即期付款。
(2)对于延期付款信用证发出延期付款承诺并到期付款。
(3)对于承兑信用证承兑由受益人出具的汇票并到期付款。

(二)信用证的含义

1. 开证行负有第一性付款责任

信用证支付方式是以银行信用为基础的,由开证行对受益人做出独立的付款承诺,即由银行取代进口方成为第一付款人,当开证申请人丧失偿付能力时,开证行必须依约对受益人履行其付款责任,这就是开证行承担的第一性付款责任。不过,开证行的付款承诺是有条件且有限度的,开证行以受益人必须依信用证规定的期限和地点递交符合规定的合格单据为条件,在一定金额范围内承担付款责任。超过规定期限信用证即告失效,开证行的付款责任即可免除;受益人提交的单据不能完全符合信用证的规定或存在信用证所规定的不符点等问题时,开证行可以拒绝付款;超过信用证规定金额的部分,开证行不予承担付款责任。

2. 开证行的付款方式

开证行的付款方式有三种:直接付款;指定另一银行付款;授权其他银行议付。也就是说,开证行可以自己付款,也可以委托其他银行代付。

3. 信用证是一个独立于交易合同的自足性契约

信用证不依附于交易合同而存在,即使信用证中含有与交易合同不符的规定,银行也不受交易合同约束,其有关当事人必须按照信用证的条款做出行为。

《UCP600》第4条规定,信用证就性质而言,是独立于可能作为其依据的销售合同或其他合同的交易。即使信用证中涉及该合同,银行也与该合同完全无关,且不受其约束。由此可见,信用证是一份独立、完整的自足文件,其效力不受交易合同的影响。

4. 信用证是一种纯粹的单据业务

信用证的处理对象是单据而非货物,即使出口方提交的货物存在质量、数量等与单据不同的问题,也不能影响开证行的付款责任。《UCP600》第5条规定,银行仅处理单据,不负责单据涉及的货物、服务或其他行为。

5. 信用证的逆向性

信用证业务的运作及结算工具的传递与其所导致的资金流动呈相反方向,属于逆汇结算范畴。

知识链接

SWIFT 信用证

凡通过 SWIFT 系统传递信用证信息，即通过 SWIFT 系统开立或通知的信用证，都被称为 SWIFT 信用证。SWIFT 系统的使用大大提高了银行的结算速度。由于 SWIFT 系统的格式具有标准化的特征，目前信用证主要都是 SWIFT 信用证。

二、信用证的种类

（一）光票信用证与跟单信用证

1. 光票信用证

光票信用证（Clean Letter of Credit，Clean L/C）是指凭不附带货运单据的汇票（光票）来付款的信用证。有的信用证要求出具汇票并附有非货运单据（如发票、垫款清单、受益人声明等），通常也被视为光票信用证。备用信用证、用于履约的信用担保、国际贸易从属费用、小额货款或非贸易结算一般会使用光票信用证。

2. 跟单信用证

跟单信用证（Documentary Letter of Credit，Documentary L/C）是凭附带货运单据的汇票（跟单汇票）或不带汇票的货运单据来付款的信用证。在国际贸易结算中，绝大部分信用证是跟单信用证。

（二）可撤销信用证和不可撤销信用证

可撤销信用证（Revocable Letter of Credit，Revocable L/C）是指信用证开出后，不必征得受益人同意即可随意修改或撤销的信用证。

不可撤销信用证（Irrevocable Letter of Credit，Irrevocable L/C）是指信用证一经开出，在其有效期内，未经开证申请人、开证行、保兑行（如有的话）、受益人的同意，不能修改也不能撤销。

由于可撤销信用证中存在开证行付款责任的随意性和不确定性，因而不能有效地保障受益人的权益。

为更有效地保障受益人的权益，《UCP500》规定：信用证上应明确注明是可撤销的，还是不可撤销的。如没有注明，则视为不可撤销信用证。《UCP600》则规定：信用证是不可撤销的，即使信用证中对此未做注明也是如此。《UCP600》否定了可撤销信用证存在的意义，旨在确定信用证的付款责任。

(三)即期付款信用证、延期付款信用证、承兑信用证和议付信用证

1. 即期付款信用证

即期付款信用证(Sight Payment Letter of Credit,Sight Payment L/C)是指开证行或其指定的银行在收到受益人提交的符合信用证条款的即期跟单汇票或不带汇票的单据后,立即履行付款义务的信用证。当即期付款信用证是以开证行为付款行时,交单地点是开证行所在地,应注意这种即期付款信用证对于受益人较为不利。无论受益人是自己直接向开证行寄单还是委托其往来银行向开证行寄单,都必须确保所有单据能在信用证规定期限内到达开证行,受益人须自行承担因单据在邮递过程中出现的延误或遗失而产生的后果,开证行对此概不负责。

2. 延期付款信用证

延期付款信用证(Deferred Payment Letter of Credit,Deferred Payment L/C)是指付款行(开证行或代付行)在收到符合信用证规定的不带汇票的单据后,于约定的付款到期日才向受益人履行付款义务的信用证。延期付款信用证通常是由欧洲大陆的银行开立,不带汇票,目的是避免产生汇票印花税。

3. 承兑信用证

承兑信用证(Acceptance Letter of Credit,Acceptance L/C)是指开证行在收到符合信用证规定的跟单汇票后(汇票的付款人一般为开证行)须及时办理汇票承兑手续,待约定的付款到期日再向持票人履行汇票付款责任的信用证。

4. 议付信用证

议付信用证(Negotiable Letter of Credit,Negotiable L/C)是由指定议付行在收到符合信用证规定的跟单汇票或不带汇票的单据后,当即向受益人履行议付义务的信用证。议付行按信用证的规定议付单据后可立即向开证行取得偿付。

 信用证的主要当事人

(一)开证申请人(Applicant)

开证申请人是向银行申请开立信用证的客户,通常是由买方(进口方)向银行申请开立信用证。开证申请人既有贸易合同规定的作为买方的权利和义务,也有信用证规定的申请方的权利和义务。开证申请人的权利与义务主要包括:

(1)在销售合同规定的期限内向银行申请开具与合同规定一致的信用证,并按照开证行的要求承担开证费用,交纳押金或保证金,出具质押书,同时需承担开证行执行己方指示所产生的一切费用。

(2)向开证行递交的开证指示应明确、简洁、完整、一致。

(3)若信用证与买卖合同不符,受益人提出修改信用证,开证申请人有义务进行必要的修改;但若受益人提出的修改要求与合同不符,开证申请人有权拒绝。

(4)及时履行赎单手续并按期付款。如果开证行未按开证申请书的要求开证且未经申请人事先确认,开证申请人有权拒绝赎单。

(5)在赎单前有权进行单据审核。单据审核有三个原则:单证相符、单单一致、单内一致。如受益人提交的单据未能做到与信用证规定一致,开证申请人有权选择退单或拒付。如果开证行错将与信用证相符的单据对外拒付,开证申请人有权要求开证行赔偿损失。

(6)收到货物后,开证申请人应检验货物。若发现货物存在问题,应根据货物的具体情况分别向出口方、船方、保险公司、运输部门等责任人提出索赔要求。

(二)开证行(Issuing Bank)

开证行一般在开证申请人所在地,通常被称为进口地银行,是应开证申请人要求开出信用证的银行,负有第一性付款责任。

开证行的权利与义务包括:

(1)开证行须严格按照开证申请书开出正确、合格、完整的信用证。开证行认为不合理的地方,须征得开证申请人许可后才能修改。

(2)开证行有权向开证申请人收取开证费用。

(3)开证行必须按照信用证的规定进行严格的审单及付款交单,确保"单证相符、单单一致、单内一致"。从开出信用证起,开证行对受益人提交的符合信用证条款规定的合格单据负有完全的、不可推卸的付款责任,对不合格的单据有权拒付,且不能以开证申请人无力付款、有欺诈行为等为借口推脱其付款责任。

(4)若单据存在不符点,开证行有权拒付,但须一次性说明不符点,并按规定妥善处理单据。

(5)开证行应确保"单证相符、单单一致、单内一致",但不必管理货物的实际情况。开证行履行付款责任后若发现开证申请人无力付款赎单,开证行有权处理单据和货物来抵偿垫款,若仍有不足款项,开证行有权向开证申请人追索。

(6)开证行的付款是终局性的付款。开证行付款后不能以任何理由向议付行、出口方等追索。但是,若议付行、付款行凭索汇证明书向开证行索偿垫款,开证行在未审核单据的情况下进行垫付,开证行付款后审核单据时发现单证不符,开证行有权向议付行、付款行等追回已垫付的款项。

（三）受益人（Beneficiary）

受益人通常为国际贸易中的出口方。受益人既有贸易合同规定的作为卖方的权利和义务，也有信用证规定的受益方的权利和义务。

受益人的权利与义务主要包括：

（1）收到信用证后，受益人应首先将信用证与买卖合同进行核对。若出现不一致的地方，受益人有权要求开证申请人通过开证行进行修改；若修改后仍有不相符之处，受益人可以拒绝接受并撤销合同，同时向进口方进行索赔。若信用证和合同存在不一致的地方，受益人即使能在信用证项下顺利交单索偿/议付，仍有可能因违反合同规定承担违约责任。

（2）受益人接受信用证后，应按照信用证规定做到"货约相符"（The goods comply with the contract）和"单货相符"（The documents comply with the goods），即受益人必须按照信用证的规定装运货物，并缮制单据，在信用证规定的期限内提交单据。

（3）受益人所提交的单据与信用证的要求应一致，确保"单证相符、单单一致、单内一致"。如果出现单据与信用证规定不一致，需在规定的期限内更改，否则银行可以拒收单据、拒付款项。

（4）在开证行破产或无力支付时，受益人可以向开证申请人要求付款赎单，并追索因此给己方造成的损失。

（四）通知行（Advising Bank）/转递行（Transmitting Bank）

通知行/转递行通常是出口方所在地的银行。通知行/转递行根据开证行的委托将信用证以自己的通知书格式照录全文转达通知/原件转递给受益人。通知行/转递行可能是开证行的分支机构或代理行。

（五）议付行（Negotiating Bank）

议付行是在自由议付信用证项下，由开证行指定或受益人请求，审核受益人提交的单据和汇票并确认无误后，向受益人垫付货款，再向开证行或其指定的银行索回垫款的银行。议付行一般是出口方所在地银行，可能同时是通知行。

（六）付款行（Paying Bank）

付款行是在非自由议付信用证项下，由开证行指定或授权邀请的向受益人付款的银行。付款行通常是开证行或开证行指定的银行，后者一般是开证行的付款代理人。

（七）保兑行（Confirming Bank）

保兑行是应开证行授权或邀请的在不可撤销信用证上加具保兑的银行。保兑行一旦加保，即负有与开证行并列的不可撤销的独立的第一性付款责任。保兑行必须是开证行之外的另一家银行。在国际贸易中，保兑行常常为出口方所在地银行（也可以是第三国银行）。

四、信用证业务流程

一笔信用证业务从开始到结束大体有12个步骤,如图5-1所示。

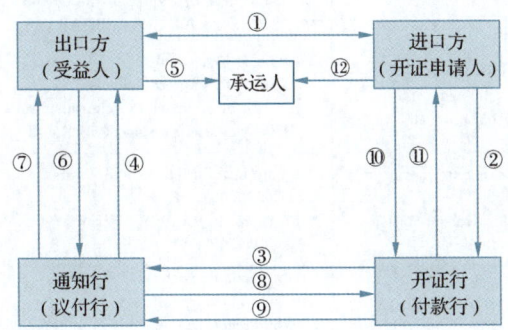

图 5-1　信用证业务流程

①进出口双方签订买卖合同,并约定以信用证方式进行结算。
②开证申请人向开证行递交开证申请书。
③开证行接受开证申请书后开立信用证,并将正本寄给通知行,指示其转递或通知受益人。
④通知行转递信用证或通知受益人已收到信用证。
⑤受益人核对信用证是否与合同相符(如果不符,可要求开证申请人通过开证行进行修改),待审核信用证无误后,受益人根据信用证将货交给承运人,取得相关单据。
⑥受益人将信用证规定的单据和汇票在信用证有效期内交给议付行。
⑦议付行审查无误后,垫付货款给受益人。
⑧议付行将单据和汇票寄给开证行或其指定的付款行,向其索汇。
⑨开证行收到单据和汇票后进行审核,如正确无误,即偿付议付行代垫的款项。
⑩进口方备款赎单。
⑪开证行放单。
⑫开证申请人凭单据向承运人提货。

五、信用证的开证申请

进出口双方在买卖合同中确定采用信用证结算方式后,进口方就应按照合同规定向开证行申请开立信用证。开证申请人(进口方)按照合同在开证行提供的标准格式上填写开证申请书。开证申请书是开证申请人与开证行之间关于权利与义务的契约,是开证行开立信用证的依据。

开证申请书如下所示:

微课:开立信用证

APPLICATION FOR ISSUING L/C

To: NEW YORK BANK, OSAKA

Beneficiary (full name and address) JIAHE INTER. TRADING CO., 60, NONGJU RD NANTONG JIANGSU, CHINA	L/C No.: ××××××××××× Ex-card No. Contract No.: GDS90882
	Date and Place of Expiry of the Credit MAR. 30, 2020 AT BENEFICIARY'S COUNTRY

Partial Shipments ( ) allowed ( ) not allowed	Transshipment ( ) allowed ( ) not allowed	( ) Issue by airmail ( ) Issue by express delivery ( ) with brief advice by teletransmission ( ) Issue by teletransmission(which shall be the operative instrument)

Loading on board / dispatch / taking in charge at / from SHANGHAI PORT Not later than MAR. 10, 2020 for transportation to OSAKA, JAPAN	Amount (both in figures and words) USD26520.00 SAY U.S. DOLLARS TWENTY SIX THOUSAND FIVE HUNDRED AND TWENTY ONLY
Description of Goods 100PCT RAYON DISH CLOTH 30S×30S/56CM×54CM/45CM×45CM 2PLY CIF BUSAN CHINA ORIGIN	Credit available with ( ) by sight payment ( ) by acceptance ( ) by negotiation ( ) by deferred payment at against the documents detailed herein ( ) and beneficiary's draft for 100% of the invoice value at sight ON NEW YORK BANK, OSAKA ( ) FOB ( ) CFR ( ) CIF ( ) or other terms

Documents Required (marked with "×"):
1. (×) Signed Commercial Invoice in 5 copies indicating invoice No. _____, contract No. _____.
2. (×) Full set of clean on board ocean Bills of Lading made out to order and blank endorsed, marked "freight( ) to collect /( ) prepaid(×) showing freight amount" notifying account.
3. ( ) Air Waybills showing "freight( ) to collect /( ) prepaid( ) indicating freight amount" and consigned to _____.
4. ( ) Memorandum issued by _____ consigned to _____.
5. (×) Insurance Policy / Certificate in 3 copies for 110% of the invoice value showing claims payable in China in currency of the draft, bank endorsed, covering( ) Ocean Marine Transportation /( ) Air Transportation /( ) Over Land Transportation All Risks, War Risks.
6. (×) Packing List / Weight Memo in 3 copies indicating quantity / gross and net weight of each package and packing conditions as called for by the L/C.
7. ( ) Certificate of Quantity / Weight in 2 copies issued an independent surveyor at the loading port, indicating the actual surveyed quantity/weight of shipped goods as well as the packing condition.
8. (×) Certificate of Quality in 3 copies issued by( ) manufacturer /(×) public recognized surveyor.
9. (×) Beneficiary's certified copy of FAX dispatched to the accountee with 3 days after shipment advising (×) name of vessel /(×) date, quantity, weight and value of shipment.
10. ( ) Beneficiary's Certificate certifying that extra copies of the documents have been dispatched according to the contract terms.
11. ( ) Shipping Co.'s Certificate attesting that the carrying vessel is chartered or booked by accountee or their shipping agents.
12. (×) Other documents, if any:
   (a) Certificate of Origin in 3 copies issued by authorized institution.
   (b) Certificate of Health in 3 copies issued by authorized institution.

Additional Instructions (marked with "×"):

1. (×) All banking charges outside the opening bank are for beneficiary's account.
2. (×) Documents must be presented with 15 days after the date of issuance of the transport documents but within the validity of this credit.
3. ( ) Third party as shipper is not acceptable. Short Form / Blank Back B/L is not acceptable.
4. (×) Both quantity and amount 10% more or less are allowed.
5. ( ) Prepaid freight drawn in excess of L/C amount is acceptable against presentation of original charges voucher issued by Shipping Co. / Air line / or it's agent.
6. ( ) All documents to be forwarded in one cover, unless otherwise stated above.
7. (×) Other terms, if any:
   Advising bank: BANK OF CHINA, NANTONG BRANCH
   Account No.:
   Transacted by:

(Applicant: name, signature of authorized person)

进口方在开证申请书中的有关指示应该尽可能地完整和明确,但不应加注过多细节。开证申请书通常包括两大部分:第一部分为根据合同条款确定的信用证内容,是开证行开出信用证内容的主要凭据;第二部分为开证申请人对开证行做的若干声明与保证,用于明确双方权利与义务。

开证申请书一般应明确以下内容:

(1)开证行名称(To):填写开证行的英文名称。

(2)受益人(Beneficiary):填写受益人的英文全称和地址。

(3)申请日期(Date):填写此申请书的提交日期。

(4)合同编号(Contract No.):填写此申请书对应的合同编号。

(5)信用证编号、有效期及到期地点(Credit No., Date and Place of Expiry)。

(6)分批装运条款(Partial Shipments):在允许分批装运(allowed)、不允许分批装运(not allowed)两个选项中选择。

(7)转运条款(Transshipment):在允许转运(allowed)、不允许转运(not allowed)两个选项中选择。

(8)开证方式(Method of Advice of Issuing L/C):在航邮开证(Issue by airmail)、快递开证(Issue by express delivery)、简电开证(with brief advice by teletransmission)和全电开证(Issue by teletransmission)四个选项中选择。

(9)货物装船地/发送地/接管地(Loading on board/ dispatch/taking in charge at/from...)、最迟装运日(shipment not later than...)、运输目的地(for transport to...)及贸易术语条件(trade terms)。

(10)信用证的金额(Amount):填写信用证的支付货币与金额。金额应分别用数字(in figures)和文字(in words)两种形式表达,并且货币代码必须使用国际标准代码(ISO),如USD(美元)、GBP(英镑)、EUR(欧元)、RMB(人民币)等。

(11)货物描述(Description of Goods):简明扼要地填写货物名称、规格、数量等。

(12)指定的有关银行及信用证兑付方式(Credit available with...):在四个指定银行兑付的选择中进行选择。信用证要求受益人出具跟单汇票时还须填写汇票金额占发票价值的比例、汇票的付款期限和付款人等事项(beneficiary's draft for ____% of the invoice value at ____ sight)。

(13)通知行(Advising Bank):填写通知行的英文名称和地址。

(14)单据要求(Documents Required):对于给定的具体要求进行逐项选择(以标记"×"为准)。

(15)附加条款(Additional Conditions):对交单期限的特别要求,对保险费和开证行以外的银行费用的承担等特别要求均可以在此写明。

（16）开证申请人（Applicant）：填写开证申请人的名称，法人代表签名、公司签章。

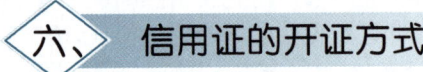 信用证的开证方式

开证行接到开证申请人完整、明确的开证申请后，进行严格的审核、评估，决定接受开证申请人的申请后，开出信用证。信用证有三种不同的开证方式，分别是信开信用证、简电信用证和全电信用证。

1. 信开信用证（Letter of Credit）

信开信用证是一种开证行以信函形式开立的信用证有效文本，开立后用航空挂号信或快递寄出。这种传统的信用证开立方式现在已经很少使用。

2. 简电信用证（Brief Cable of Credit）

简电信用证又称预先通知信用证（Pre-advice Credit），是指开证行预先将信用证的编号、受益人、金额和有效期等主要内容以简单的电信文本形式传递给通知行，由其传递给受益人，通过预先通知受益人，方便其早日备货。但是简电信用证不是有效文本，一般在电文中会加注"随寄证实书"（Mail Confirmation to Follow）。证实书为信开文本形式，是信用证的有效文本，可以用作交单议付凭证。

3. 全电信用证（Full Cable of Credit）

全电信用证指开证行以电信方式开立完整的、有效的电子文本式信用证，无须再寄送证实书。随着通信技术的发展，当前 SWIFT 通信网络已遍及全球，申请使用 SWIFT 系统传递全电信用证的客户越来越多。利用 SWIFT 系统开证，格式标准统一，用语准确简洁、迅速、安全，开证成本较低，受到开证行和客户的欢迎。

 信用证的开立

（一）开证申请书的审核

2020年5月10日，CHINA IMP. & EXP. CORP. , GUANGDONG 向中国银行广东省分行提交下面这张开证申请书申请开立信用证。

APPLICATION FOR IRREVOCABLE DOCUMENTARY CREDIT

致：中国银行广东省分行
To: BANK OF CHINA, GUANGDONG BRANCH

L/C No.: 230BS-453222
Date: May 10, 2020

兹请贵行以□信开☒电开按下述项目开立不可撤销信用证 Please issue by ~~airmail~~/cable an irrevocable letter of credit as follows	有效期 Expiry Date: Jul. 30, 2020 在受益人所在国 In the Beneficiary's Country
申请人 Applicant (Name & Address) CHINA IMP. & EXP. CORP., GUANGDONG INTERNATIONAL BUILDING, DONGFENGXI RD., GUANGZHOU, P. R. CHINA TEL: 896767 **	受益人 Beneficiary (Name & Address) PHILIPS HONG KONG LIMITED CS/BUSINESS COMMUNICATION SYSTEM 26/F, HOPEWELL CENTRE, 17 KENNEDY RD. HONG KONG TEL: 82158 ** /82156 **
通知行（如未填写贵行可自选） Advising Bank (if blank, at your option)	金额 Amount (in Figures and Words) USD77495.79 SAY U. S. DOLLARS SEVENTY SEVEN THOUSAND FOUR HUNDRED NINETY FIVE AND CENTS SEVENTY NINE ONLY

本证使用时，汇票由你行选定以本公司或你行代理行为付款人见票＿＿＿天，贵行按＿＿＿％的发票金额支用，随附下列单据。
Available by draft drawn, at your option, on us/you or your correspondent at sight for 100% of the invoice value accompanied by the following documents.

☒商业发票一式＿＿＿份标明信用证号码和合同号码。
Signed commercial invoice in 4 copies indicating L/C No. and Contract No..

□全套清洁已装船海运提单/铁路运输承运货物收据做成空白抬头，由发货人空白背书注明"运费付讫/运费待收"并通知＿＿＿。
Full set of clean on board OCEAN BILLS OF LADING/FORWARDING AGENT'S RAILWAY CARGO RECEIPTS made out to order and endorsed in blank, marked FREIGHT PREPAID/FREIGHT COLLECT and notify＿＿＿.

☒洁净航空提单以贵行为收货人注明"运费付讫/运费待收"及列明信用证号码并通知开证申请人。
Clean Air Waybill consigned to your bank marked FREIGHT PREPAID/FREIGHT COLLECT showing this L/C No. and notify the applicant with full address.

□保险单或保险凭证一式＿＿＿份空白背书按＿＿＿％的CIF金额注明赔款在目的地以汇票同种货币支付投保：学会货物险条款（一切险/平安险）、学会战争险、学会罢工暴动民变险。
Insurance policy/certificate in ＿＿＿ copies blank endorsed, for ＿＿＿ % of the CIF value showing claims payable at destination in the same currency as the draft and covering: Institute Cargo Clauses (A/B/C), institute War Clauses and Institute S. R. C. C. Clauses.

☒装箱单或重量单＿＿＿份。
Packing list/weight memo in 4 copies.

☒由＿＿＿出具之品质证＿＿＿份。
Certificate of quality in 4 copies issued by the manufacturers.

☒由＿＿＿出具之产地证＿＿＿份。
Certificate of origin in 3 copies issued by the Chamber of Commerce in the country of Origin.

☒ Beneficiary's copy of cable to the accountee advising shipment immediately after shipment made.

装运货物 Covering shipment of: COMPONENTS FOR SOPHO-S 451482-155200 SHIPPING MARKS＝03EMHKHNCT02002.
Quantity: 1 LOT FCA AMSTERDAM, GUANGZHOU CHINA

由 shipment from AMSTERDAM 装运至 To GUANGZHOU 不迟于 Latest: Jul. 15, 2020	分批装运 Partial Shipments ☒准许 allowed □禁止 prohibited	转运 Transshipment ☒准许 allowed □禁止 prohibited

其他条款（下列条款遇有与上列印妥条款有明显出入时，则以下列条款为准）：
OTHER TERMS AND CONDITIONS (These shall prevail over all printed terms in case of any apparent conflict):
中国广州以外的一切银行费用由受益人负担。
All banking charges outside Guangzhou, China are for Beneficiary's account.
单据须在装运单据签发日之后＿＿＿天但不超过信用证有效期内提交。
Documents must be presented within 15 days after the date of issuance of the shipping document(s) but within the validity of the credit.

开证申请人签章
Stamp & Signature of Applicant

开证行审核开证申请书,具体见表 5-1。

表 5-1 审核开证申请书

申请人公司	CHINA IMP. & EXP. CORP., GUANGDONG
受益人公司	PHILIPS HONG KONG LIMITED
通知行是否已由申请人指定	已指定
信用证到期地点和时间	有效期 Expiry Date:Jul. 30,2020 在受益人所在国 In the Beneficiary's country
受益人开立汇票的要求	Available by draft drawn, at your option, on us/you or your correspondent at sight for 100% of the invoice value accompanied by the following documents
单据种类、份数、要求	• Signed commercial invoice in 4 copies indicating L/C No. and Contract No. • Clean Air Waybill consigned to your bank marked FRIGHT PREPAID/FREIGHT COLLECT showing this L/C No. and notify the applicant with full address • Packing list/weight memo in 4 copies • Certificate of quality in 4 copies issued by the manufacturers • Certificate of origin in 3 copies issued by the Chamber of Commerce in the country of Origin
货物装运港、目的港、最迟装船期	由 Shipment from AMSTERDAM 装运至 To GUANGZHOU 不迟于 Latest:Jul. 15,2020
能否分批装运和转运	Partial Shipments and Transshipment are allowed
银行费用的支付方	All banking charges outside Guangzhou, China are for Beneficiary's account
交单期	Documents must be presented within 15 days after the date of issuance of the shipping document(s) but within the validity of the credit
开证行处理信用证业务的依据	开证申请书中所列的单据要求
开证行除审查申请书外还应处理的事宜	审查申请人资信能力、售汇、授信

(二)开立信用证

中国银行广东省分行接受 CHINA IMP. & EXP. CORP.，GUANGDONG 的开证申请，于次日采用 SWIFT 系统对外开立信用证。信用证资料如下：

40A	FORM OF DOCUMENTARY CREDIT：	IRREVOCABLE
20	DOCUMENTARY CREDIT NO.：	230BS-453222
31C	DATE OF ISSUE：	MAY 10,2020
31D	DATE AND PLACE OF EXPIRY：	JUL. 30,2020 IN THE BENEFICIARY'S COUNTRY
51S	APPLICANT BANK：	BANK OF CHINA,GUANGDONG BRANCH
50	APPLICANT：	CHINA IMP. & EXP. CORP., GUANGDONG
59	BENEFICIARY：	PHILIPS HONG KONG LIMITED
32B	CURRENCY CODE AMOUNT：	USD77495.79
42C	DRAFTS AT DRAWN ON：	AT SIGHT
43P	PARTIAL SHIPMENTS：	ALLOWED
43T	TRANSSHIPMENT：	ALLOWED
44A	LOADING ON BOARD/DISPATCH/TAKING IN CHARGE AT：	AMSTERDAM
44B	FOR TRANSPORTATION TO：	GUANGZHOU
44C	LATEST DATE OF SHIPMENT：	JUL. 15,2020
45A	DESCRIPTION OF GOODS AND/OR SERVICES：	COVERING SHIPMENT OF：COMPONENTS FOR SOPHO-S 451482-155200 SHIPPING MARKS=03EMHKHNCT02002 QUANTITY：1 LOT FCA AMSTERDAM, GUANGZHOU CHINA
46A	DOCUMENTS REQUIRED：	-SIGNED COMMERCIAL INVOICE IN 4 COPIES INDICATING L/C NO. AND CONTRACT NO.. -CLEAN AIR WAYBILL CONSIGNED TO YOUR BANK MARKED FREIGHT COLLECT SHOWING THIS L/C NO. AND NOTIFY THE APPLICANT WITH FULL ADDRESS. -PACKING LIST/WEIGHT MEMO IN 4 COPIES. -CERTIFICATE OF QUALITY IN 4 COPIES ISSUED BY THE MANUFACTURERS. -CERTIFICATE OF ORIGIN IN 3 COPIES

		ISSUED BY THE CHAMBER OF COMMERCE IN THE COUNTRY OF ORIGIN.
47A	ADDITIONAL CONDITIONS:	ALL BANKING CHARGES OUTSIDE GUANGZHOU, CHINA ARE FOR BENEFICIARY'S ACCOUNT.
48	PERIOD FOR PRESENTATION:	DOCUMENTS MUST BE PRESENTED WITHIN 15 DAYS AFTER THE DATE OF ISSUANCE OF THE SHIPPING DOCUMENT(S) BUT WITHIN THE VALIDITY OF THE CREDIT.
49	CONFIRMATION INSTRUCTIONS:	WITHOUT
78	INSTRUCTIONS TO THE PAY/ACC/NEG BANK:	

-EACH PRESENTATION MUST BE NOTED ON THE REVERSE OF THIS ADVICE.
-ALL DOCUMENTS ARE TO BE DESPATCHED IN ONE LOT BY REGISTERED AIRMAIL TO US AT:
BANK OF CHINA
GUANGDONG BRANCH
INTERNATIONAL DEPARTMENT.
12/F, FINANCIAL BLDG.,
DONGFENGXI RD.
GUANGZHOU, CHINA
-IN REIMBURSEMENT-WE SHALL REIMBURSE YOU IN ACCORDANCE WITH YOUR INSTRUCTIONS UPON RECEIPT OF DOCUMENTS IN COMPLIANCE WITH CREDIT TERMS.

任务 2　　通知信用证

案例导入

2019年8月2日，中国内地A公司（出口方）与中国香港B公司（进口方）达成一份贸易合同，总金额为20万美元，2019年9月底之前装运，付款方式为 by 100% irrevocable L/C to be available by 30 days after date of B/L。

A公司于2019年8月10日收到由英国英格兰银行开来的远期信用证,信用证的开证申请人为英国F&S COMPANY,目的港改为英国的利物浦港,最迟装运期为2019年9月30日,信用证有效期为2019年10月21日,在中国议付有效。

A公司收到信用证后,没有对信用证提出异议。由于原材料不足,A公司装运的货物出现了数量的短缺。为此B公司出具了一份保函给A公司,保证买方在收到单据后会及时付款赎单。A公司凭此保函于2019年9月20日向英国的F&S COMPANY装运货物,并备齐信用证所要求的全套单据递交议付行。不久英国英格兰银行发来拒付通知,理由是数量短缺造成单证不符。A公司表示不接受,要求开证行退回单据,并在此后多次与B公司和F&S COMPANY联系,但两者都杳无音信。A公司在追踪货物时发现,货物已被F&S COMPANY于2019年11月13日提走。A公司联系F&S COMPANY要求对方付款,对方回应表示数量存在短缺,若降价20%则付款。

A公司了解到英国英格兰银行在中国香港设立了办事处,立即与该办事处的负责人交涉,指出该银行擅自放单给进口方严重违反了《UCP600》的国际惯例,希望英国英格兰银行尽快妥善处理,否则A公司将会采取进一步的法律行动来维护自身的合法权益。

2019年12月2日,F&S COMPANY主动与A公司协商谈判,谈判中对方以短量问题为由要求降价,A公司未予理睬。经几次沟通协商后,A公司收到F&S COMPANY汇来的全部货款。

案例分析

本案例中A公司根据信用证的规则成功地追回了全部货款,这一经验值得借鉴。根据《UCP600》的相关规定,开证行确定提示不符时,可以拒绝兑付或议付,但必须一次性通知提示人,声明银行拒绝兑付或议付,指出银行凭以拒绝兑付或议付的各个不符点,等候提示人进一步指示;或持有单据直至收到申请人通知弃权并同意接受该弃权,或在同意接受弃权前从提示人处收到进一步指示;或银行退回单据;或银行按照先前从提示人处收到的指示行事。因此,开证行无权自行将单据交给开证申请人去提货。

A公司已确定了是开证行擅自将单据放给收货人,要求开证行根据《UCP600》的规定对此承担责任,最终维护了自己的权利。

知识链接

《UCP600》

UCP 的全称是 Uniform Customs and Practice for Documentary Credits,即跟单信用证统一惯例。它是国际银行界、律师界、学术界自觉遵守的"法律",是全世界公认的一套非官方规定。160 多个国家和地区的国际商会和不断扩充的国际商会委员会持续为 UCP 的完善而努力工作着。2006 年 10 月 25 日,在巴黎举行的国际商会银行技术与惯例委员会 2006 年秋季例会上,经 71 个国家和地区国际商会委员会的努力,《UCP600》最终得以通过。《UCP600》共有 39 条,比《UCP500》减少了 10 条,但比《UCP500》更准确、清晰,更易读、易掌握、易操作。

相关知识

 信用证的通知

1. 通知行的责任

信用证的通知是针对电开本信用证而言的。在大多数情况下,信用证不是由开证行直接通知受益人,而是通过受益人所在国家或地区的代理行(通知行)进行转递的。由通知行通知受益人的最大优点就是安全。通知行的责任是合理谨慎地审核其所通知的信用证的真实性。

2. 信用证的传递方式

信用证可以通过航邮、电报或电传的方式进行传递。电开本信用证的收件人是通知行。通知行收到信用证并核押无误后,即以自己的通知书格式照录全文,通知受益人。信开本信用证在寄送到通知行后,由银行进行印鉴核对,若相符,银行将信用证原证照转给受益人即可。

 信用证通知书的内容

信用证通知书的样本如下:

中国银行
BANK OF CHINA
SHANGHAI BRANCH
Address: 50 HUQIU ROAD
Cable: CHUNGKUO
Telex: 33062 BOCSH E CN
Swift: BKCHCMBJ300
Fax: 021-632320 **

信用证通知书

微课：通知信用证

NOTIFICATION OF DOCUMENTARY CREDIT

To 致		Issuing Bank 开证行	
Our Ref. No. 我行编号		L/C No. 信用证号码	
Transmitted Through 转递行		Date of Issue 开证日期	
Amount 金额			

Dear Sirs,
谨启者：
WE ADVISE YOU THAT WE HAVE RECEIVED FROM THE ABOVE BANK A LETTER OF CREDIT, CONTENTS OF WHICH ARE AS PER ATTACHED SHEET(S).
兹通知贵司，我行收自上述银行信用证一份，现随附通知。
THIS ADVICE AND THE ATTACHED SHEET(S) MUST ACCOMPANY THE RELATIVE DOCUMENTS WHEN PRESENTED FOR NEGOTIATION.
贵司交单时，请将本通知书及信用证一并提示。
THIS ADVICE DOES NOT CONVEY ANY ENGAGEMENT OR OBLIGATION ON OUR PART UNLESS WE HAVE ADDED OUR CONFIRMATION.
本通知书不构成我行对此信用证的任何责任和义务，但本行对本证加具保兑的除外。
IF YOU FIND ANY TERMS AND CONDITIONS IN THE L/C WHICH YOU ARE UNABLE TO COMPLY WITH AND/OR ANY ERROR(S), IT IS SUGGESTED THAT YOU CONTACT APPLICANT DIRECTLY FOR NECESSARY AMENDMENT(S) SO AS TO AVOID ANY DIFFICULTIES WHICH MAY ARISE WHEN DOCUMENTS ARE PRESENTED.
如信用证中有无法办到的条款及（或）错误，请直接与开证申请人联系，进行必要的修改，以排除交单时可能发生的问题。
THIS L/C ADVICE IS SUBJECT TO ICC UCP PUBLICATION NO. 600.
本信用证之通知系遵循国际商会跟单信用证统一惯例第600号出版物办理。
THIS L/C CONSISTS OF _____ SHEET(S), INCLUDING THE COVERING LETTER AND ATTACHMENT(S).
本信用证连同面函及附件共_____纸。
REMARKS:
备注：

YOURS FAITHFULLY,
FOR BANK OF CHINA, SHANGHAI BRANCH

任务3　信用证的审核与修改

案例导入

我国A公司(出口方)与国外B公司(进口方)以FOB条件签订一笔价值60万美元的销售合同,合同规定采用不可撤销信用证进行结算,装运期为6月,但未规定具体开证日期。信用证迟迟未到。考虑到装运期就要到了,A公司与B公司反复沟通,连续多次电催要求其安排开证,B公司一直以各种理由拖延开证。直到6月底,B公司开证行才发来一个简电信用证。A公司担心延误装运期而无法办理交单收款,于是急急忙忙加班按简电信用证办理了装运。当A公司向议付行交单要求办理手续时,议付行告知无法办理议付,得有信开本证实书才可办理。A公司继续反复催促,要求B公司把信开本证实书开过来,但是直到8月16日,B公司银行才开来信开本证实书。A公司拿到后,就开始催促议付行办理议付手续,议付行指出了单据与信开本证实书的不符点,但A公司坚持直接向开证行寄单。开证行最终以单证不符为由拒付货款。A公司反复强调货物和单据均与合同完全相符,要求开证行付款,开证行均拒绝。A公司根据合同要求B公司付款,正值进口方所在地市场该产品售价下跌,B公司坚持要求A公司履行信用证交单义务,多次交涉无果。由于该批货物在进口国海关长期滞存无人处理,港口海关最终进行拍卖处理,A公司货款两空。

案例分析

简电信用证的一大特质是开证行预先以简单的电信文本形式传递信用证主要内容给受益人,以便其早日备货。简电信用证不是有效文本,只有之后开出的信开本证实书才能作为交单议付凭证。A公司在不清楚简电信用证这一特质的情况下不与银行沟通,擅自发货,这是导致其最终货款两空的第一个原因。

信开本证实书与合同存在不一致,A公司对议付行的建议置若罔闻,未按照信开本证实书来缮制和提交单据,开证行以单据不符拒绝付款后,仍不积极修改单据,这是导致其最终货款两空的第二个原因。

对进口国市场行情变化不关注,对货物去向不追踪,在FOB条件下没有对货物运输情况持续跟进,A公司在这些方面的疏忽是导致其最终货款两空的第三个原因。

项目 5　信用证业务操作

相关知识

一、信用证的审核

信用证是依据合同开立的,信用证的内容应该与合同条款保持一致,从而确保收汇安全和合同的顺利执行。审核信用证是银行和受益人的共同责任,各个当事人在审证过程中应根据自己的业务需要认真审核。例如银行侧重于考察议付、索汇等内容,以保证安全收款;受益人侧重于交货履约和交单收款等内容,以保证按合同交货及顺利收到款项。

(一)信用证审核的依据

(1)贸易合同中关于信用证开立的细节条款;
(2)国际商会的《UCP600》;
(3)国际商会的《ISBP745》。

微课:审核信用证

(二)银行审核信用证的注意事项

(1)审查开证行的资信。一是审核开证行的资信是否有保证;二是审查开证行资信是否与来证金额相称。当开证行的资信存在较大风险时,应向上级银行请示并同受益人共同研究,根据具体情况提出解决方案,如要求由其他银行保兑,或建议受益人在信用证条款允许下分批装运等。

(2)审查议付地和到期地。信用证议付地和到期地一般应在出口国境内,方便出口方交单议付。

(3)审查信用证的单据要求。比如单据的份数、种类、内容、背书转让等,是否符合国际商业习惯、国际惯例和国内有关政策法令的规定。

(4)审查费用条款。信用证项下的费用一般由开证申请人和受益人共同承担。

(5)检查信用证的通知方式是否安全、可靠。根据国际商会《UCP600》的规定,通知行对所通知的信用证的真实性负责。如果信用证不是以通知行/保兑行通知受益人的方式规定的,受益人要注意风险防范。

(6)检查信用证是否受《UCP600》的约束。确保信用证受《UCP600》的约束,出现纠纷时能按照公认的解释去处理。

(三)受益人审核信用证的注意事项

(1)合同条款是审核信用证的主要依据。

(2)信用证的形式是否为不可撤销。《UCP600》明确规定,信用证是不可撤销的。这就意味着如果信用证注明为可撤销的(Revocable),则该信用证是无效的,需提出修改。

(3) 检查信用证的付款时间、各当事人信息、货物条款、金额条款、保险条款等是否与有关合同规定相一致。

(4) 检查信用证的交单条款。根据《UCP600》第 14 条的规定,交单必须由受益人或其代表按照相关条款在不迟于装运日后的 21 日内提交,同时必须在信用证到期日当天或之前完成交单。

(5) 检查信用证内容是否完整。为避免信用证在传送过程中出现特殊情况,应检查电文内容是否完整。

(6) 检查信用证中有无陷阱条款。除常规条款的审核外,要特别注意信用证内加列的条款,如船只限制条款,包括指定船籍、船龄等。若受益人在实际中可以办到的,可以酌情灵活处理。

(7) 检查信用证本身内容有无矛盾之处。例如,贸易术语是 CIF,但却要求提供空运单据;装运期截止时间为 1 月 31 日,信用证有效期却为 1 月 21 日。

(8) 审核信用证内容有无违反我国政策法令规定的地方。

(9) 审核信用证内容有无合同中未规定的条款,要根据实际评判这些加列进去的条款是否影响受益人的合法权益。对于受益人难以做到或无法做到的,影响受益人安全、及时收汇或增加其费用开支的,不应接受。

受益人在审核信用证过程中要始终与该业务相关银行保持联系。如果有疑问,应及时与通知行、议付行或付款行沟通,寻求其专业的帮助。

(四) 信用证审核的要点

1. 信用证本身的审核

(1) 信用证的性质:是否是不可撤销的。

(2) 适用惯例:是否申明适用的国际惯例。目前主要采用国际商会的《UCP600》。

(3) 信用证的有效性:是否存在限制生效或其他保留条款,是否为简电信用证。

(4) 信用证当事人:开证行是否可靠,是否需要加具保兑;各当事人的信息是否正确。

(5) 信用证到期日和到期地点:一般应为装运后 15 天或 21 天,到期地点为受益人所在地。

2. 依据合同进行的专项审核

(1) 支付条款,包括信用证金额、币种、付款期限等的规定,这些内容是否与合同一致。

(2) 商品描述,包括商品名称、货号、规格、数量等的规定,这些内容是否与合同一致。

(3) 装运条款,包括装运期、装运港口、卸货港口、分批装运、可运转船等的规定,这些内容是否与合同一致。

(4)所需提交的单据的要求,包括各种单据的出具人、正副本份数、有无特别限制等,这些内容是否与合同一致。

(五)信用证常见问题

(1)关于信用证性质方面的问题:
①存在限制生效的表述;
②没有指定适用惯例;
③未按合同加具保兑;
④银行审核时发现密押不符。
(2)关于信用证各种期限的问题:
①缺乏到期日或有效期等期限规定或表述不清楚;
②到期地点不在受益人所在地;
③装运期、到期日、交单日的规定与合同不符;
④装运期、有效期与交单日之间存在矛盾;
⑤交单期限过短,无法保证顺利交单。
(3)信用证各当事人名称、地址与合同不一致。
(4)信用证与合同规定的不一致,包括金额不足、币种不对、金额大小写不符。
(5)汇票的付款期限与合同不符,没有按合同规定设置开证行为付款人。
(6)分批装运和转船条款与合同规定不符。
(7)关于货物描述的问题:
①品名、规格、数量、包装、单价、贸易术语与合同规定不一致;
②贸易术语与合同条款有矛盾,且贸易术语与信用证其他条款有矛盾,例如采用FOB贸易术语,在所需提交单据要求中却规定受益人需要提交保险单据;
③单价与总额出现错误;
④合同编号和日期、发票编号和日期等出现错误。
(8)关于单据的问题:
①单据种类错误;
②提单收货人一栏填制错误;
③提单抬头和背书要求自相矛盾;
④提单运费条款与合同成交条件不一致;
⑤要求将正本提单直接寄送给开证申请人;
⑥对运输条款提出过分限制,如船龄、货物装运船舱等的限制;
⑦要求提交无法提供的单据;
⑧保险规定与合同规定不一致。

(六)信用证分析单

为方便逐一审核信用证,实际业务中往往会采用信用证分析单来协助信用证的审核。信用证分析单样本如下:

开证行		开证日期		信用证编号	
申请人		受益人		合同号码	
通知行		保兑行		议付行	
信用证金额		增减幅度		有效期		到期地点	
汇票付款人		汇票付款期限		汇票金额	
装运港			目的港		
装运期限		可否转船		可否分批装运	
运输标志		交单日			
货物描述					

单据名称	提单	发票	装箱单	重量单	保险单	产地证	FORMA	寄单证明	寄单邮据	寄样证明	寄样邮据	检验证明
单据份数												

运输单据	抬头		保险	险种			
	通知			加成率		赔款地点	
	运费支付						

特别事项	

二、修改信用证

(一)信用证修改的基本程序

不可撤销信用证是不允许中途撤销和单方面修改的,但是在某些特殊情况下,如果相关当事人一致同意,还是可以加以修改甚至撤销的。信用证的修改,需以开证申请人向开证行提出申请为前提。根据《UCP600》的规定,不可撤销信用证条款的修改,关系到各有关当事人权利和义务的改变。所以,在信用证有效期内的任何修改,都必须取得有关当事人同意后才能生效。若受益人提出修改信用证,应首先联系开证申请人,在开证申请人同意的情况下由其向开证行递交修改申请书。若开证申请人提出修改信用证,应先向开证行递交修改申请书,开证行受理此业务后发出修改通知书,并通知受益人所在地通知行,由通知行将修改通知书转递给受益人,在受益人同意接受此修改通知书后,修改才能生效。

信用证的修改包括三个基本程序:

(1)开证申请人向开证行递交"信用证修改申请书"。信用证修改申请书样本如下:

信用证修改申请书

Application for Amendment of Letter of Credit

To:　　　　　　　　　　　　　　　　　　　　　　　　　　　　Date:

L/C No. 信用证号码		No. of Amendment 修改次数	
Applicant 申请人		Advising Bank 通知行	
Beneficiary(Before This Amendment) 受益人(在本次修改前)			
Currency and Amount(In Figures & Words) 币种及金额(大、小写)			
The above-mentioned credit is amended as follows: 上述信用证修改如下: ☐ The latest shipment date extended to ＿＿＿/＿＿＿/＿＿＿. 　　最迟装运日期延长至＿＿＿。 ☐ Expiry date extended to ＿＿＿/＿＿＿/＿＿＿. 　　有效期延长至＿＿＿。 ☐ Amount increased / decreased by ＿＿＿ to ＿＿＿. 　　金额增/减＿＿＿至＿＿＿。 ☐ Other terms:其他 ☐ Banking charges:银行费用 All other terms and conditions remain unchanged. 所有其他条款不变。			
			Signature of the Applicant 申请人签章

(2)开证行审查"信用证修改申请书"的内容。比如进行增加金额的修改,需补足增额部分的保证金。

（3）开证行审核"信用证修改申请书"后，缮制"信用证修改通知书"，加列密押后用电信方式通知通知行。

信用证修改通知书样本如下：

BANK OF CHINA

SHANGHAI BRANCH
Address: 50 HUQIU ROAD
Cable: CHUNGKUO
Telex: 33062 BOCSH E CN
Swift: BKCHCMBJ300
Fax: 021-632320 **

信用证修改通知书

NOTIFICATION OF AMENDMENT TO L/C

Issuing Bank CHEMICAL BANK NEW YORK 55 WATER STREET, ROOM 1702, NEW YORK, USA		Date of the Amendment APR. 28, 2020
Beneficiary ZHEJIANG TEXTILES I/E CORP. NO. 165 ZHONGHEZHONG ROAD HANGZHOU, ZHEJIANG, CHINA		Applicant UNITED TEXTILES LTD. 1180 CHURCH ROAD NEWYORK, PA 19446 USA
L/C No. DRG-LDLC01	Dated APR. 14, 2020	THIS AMENDMENT IS TO BE CONSIDERED AS PART OF THE ABOVE MENTIONED CREDIT AND MUST BE ATTACHED THERETO

Dear Sirs,
　　WE HAVE PLEASURE IN ADVISING YOU THAT WE HAVE RECEIVED FROM THE ABOVE MENTIONED BANK AN AMENDMENT TO DOCUMENTARY CREDIT NO. DRG-LDLC01 CONTENTS OF WHICH ARE AS FOLLOWS:
　　-THE PLACE OF EXPIRY: IN CHINA, INSTEAD OF "IN USA".
　　-THE DATE OF THE EXPIRY SHOULD BE JUN. 15, 2020, INSTEAD OF "JUN. 10, 2020".
　　-THE DRAFT(S) SHOULD BE SIGHT DRAFT(S) INSTEAD OF "AT 30 DAYS SIGHT".
　　-THE ARTICLE NO. OF THE GOODS IS "ART. NO. PC-14" INSTEAD OF "ART. NO. PC-13".
　　-THE INSURANCE VALUE SHOULD BE TOTAL INVOICE VALUE PLUS 10% INSTEAD OF "PLUS 110%".
　　-THE QUANTITY OF ART. NO. BS-14 SHOULD BE "2400 DOZENS" INSTEAD OF "2000 DOZENS".
　　-THE BENEFICIARY SHOULD BE ZHEJIANG TEXTILES I/E CORP., INSTEAD OF "ZHEJIANG TEXTILES CORP.".
　　ALL OTHER TERMS AND CONDITIONS REMAIN UNCHANGED.
　　THE ABOVE MENTIONED DOCUMENTARY CREDIT IS SUBJECT TO THE UNIFORM CUSTOMS AND PRACTICE FOR DOCUMENTARY CREDITS.

YOURS FAITHFULLY,
FOR BANK OF CHINA, SHANGHAI BRANCH

（二）修改信用证时应注意的问题

修改信用证时应注意以下问题：

(1)《UCP600》第 10 条规定:"除第 38 条另有规定外,未经开证行、保兑行(如果有)及受益人同意,不可撤销信用证不能修改,也不能撤销。"

(2)受益人对信用证修改内容的接受或拒绝有以下两种表示形式：

①发出接受或拒绝通知；

②以行动表示,即凭交单与原信用证条款相符或交单与修改后的信用证条款相符表明是否接受修改,如与原信用证条款相符,即表示拒绝接受修改内容。

(3)受益人收到信用证修改通知书后,应及时检查修改内容是否符合要求。对一份信用证修改通知书中的内容只能全部接受或全部拒绝,只接受部分修改内容即被认为拒绝接受修改。

(4)保兑行可将其保兑范围扩大至信用证修改通知书,从信用证修改通知书生效后承担不可撤销的付款责任。但保兑行也可以选择不扩大其保兑范围至信用证修改通知书,如果这样做,必须不延误地将此通知给开证行和受益人。

技能训练

1. 根据下述合同内容审核信用证,指出不符之处,并提出修改意见。

Sales Contract

The Seller: SHANGHAI ANDYS TRADING CO., LTD.
　　　　　　NO. 126 WENHUA ROAD, SHANGHAI, CHINA
The Buyer: HAZZE AB HOLDING
　　　　　　BOX 1237, S-111 21 HUDDINGE, SWEDEN

No.: AD17007
Date: MAR. 16, 2020
Signed at: SHANGHAI, CHINA

This contract is made by and between the Seller and Buyer, whereby the Seller agree to sell and the Buyer agree to buy the under-mentioned commodity according to the terms and conditions stipulated below:

Commodity & Specification	Quantity	Unit Price	Amount
Gas Detectors		FOB SHANGHAI	
ART NO. BX616	50pcs	USD380.00/pc	USD19000.00
ART NO. BX319	50pcs	USD170.00/pc	USD 8500.00
Total	100pcs		USD27500.00
Total Amount: SAY U.S. DOLLARS TWENTY SEVEN THOUSAND AND FIVE HUNDRED ONLY			

Packing: In Carton.
Shipping Marks:
　　　　　　HAZZE

AD2020007
STOCKHOLM,
SWEDEN
NOS. 1- UP

Time of Shipment: During Jul., 2020.
Place of Loading and Destination:
From Shanghai, China to Stockholm, Sweden
Partial shipments and transshipment are allowed
Insurance: To be effected by the Buyer
Terms of Payment: By irrevocable L/C at sight which should be issued before May 31, 2020, valid for negotiation in China for further 15 days after time of shipment.
Inspection: In the factory.
This contract is made in two original copies and become valid after signature, one copy to be held by each party.
Signed by:

        The Seller   The Buyer
SHANGHAI ANDYS TRADING CO., LTD.   HAZZE AB HOLDING

信用证：

MT 700		ISSUE OF A DOCUMENTARY CREDIT
SENDER		SWEDBANK
RECEIVER		BANK OF CHINA, SHANGHAI, CHINA
SEQUENCE OF TOTAL	27:	1 / 1
FORM OF DOC. CREDIT	40A:	IRREVOCABLE
DOC. CREDIT NO.	20:	BCN1008675
DATE OF ISSUE	31C:	200612
APPLICABLE RULES	40E:	UCP LATEST VERSION
DATE AND PLACE OF EXPIRY	31D:	DATE 200630 PLACE IN SWEDEN
APPLICANT	50:	HAZZE ABC HOLDING
		BOX 1237, S-111 21 HUDDINGE, SWEDEN
BENEFICIARY	59:	SHANGHAI ANDY TRADING CO., LTD.
		NO. 126 WENHUAROAD, SHANGHAI, CHINA.
AMOUNT	32B:	CURRENCY EUR AMOUNT 27000,00
AVAILABLE WITH/BY	41D:	ANY BANK IN CHINA,
		BY NEGOTIATION
DRAFTS AT ...	42C:	30 DAYS AFTER SIGHT
DRAWEE	42A:	HAZZE AB HOLDING
PARTIAL SHIPMENTS	44P:	NOT ALLOWED

TRANSSHIPMENT	44T:	NOT ALLOWED
PORT OF LOADING	44E:	TIANJIN, CHINA
PORT OF DISCHARGE	44F:	STOCKHOLM, SWEDEN
LATEST SHIPMENT	44C:	200615
DESCRIPTION OF GOODS	45A:	1000 PCS OF GAS DETECTORS AS PER S/C NO. AD17007 CIF STOCKHOLM PACKED IN CARTONS
DOCUMENTS REQUIRED	46A:	+ COMMERCIAL INVOICE SIGNED MANUALLY IN TRIPLICATE. + PACKING LIST IN TRIPLICATE. + CERTIFICATE OF CHINESE ORIGIN CERTIFIED BY CHAMBER OF COMMERCE. + INSURANCE POLICY/CERTIFICATE IN DUPLICATE ENDORSED IN BLANK FOR 110% INVOICE VALUE, COVERING ALL RISKS AND WAR RISK OF CIC OF PICC (1/1/1981). + FULL SET OF CLEAN "ON BOARD" OCEAN BILLS OF LADING MADE OUT TO ORDER MARKED FREIGHT PREPAID AND NOTIFY APPLICANT.
ADDITIONAL CONDITION	47A:	+ ALL PRESENTATIONS CONTAINING DISCREPANCIES WILL ATTRACT A DISCREPANCY FEE OF USD50,00. THIS CHARGE WILL BE DEDUCTED FROM THE BILL AMOUNT WHETHER OR NOT WE ELECT TO CONSULT THE APPLICANT FOR A WAIVER.
CHARGES	71B:	ALL CHARGES AND COMMISSIONS ARE FOR ACCOUNT OF BENEFICIARY.
CONFIRMATION INSTRUCTION	49:	WITHOUT

2. 案例分析

我国 A 公司向泰国 B 公司出口货物一批。泰国发来的信用证规定：

CIF BANGKOK

COMMERCIAL INVOICE IN TRIPLICATE

FULL SET OF CLEAN ON BOARD OCEAN BILLS OF LADING MADE OUT TO ORDER MARKED FREIGHT PREPAID AND NOTIFY APPLICANT.

INSURACE POLICY/CERTIFICATE IN DUPLICATE ENDORSED IN BLANK FOR 110% INVOICE VALUE, COVERING ALL RISKS AND WAR RISK OF PICC (1/1/1981).

APPLICABLE RULES：UCP 600.

A 公司按信用证规定完成装运，并到期日前向议付行交单议付，议付行随即向开证行寄单索偿。开证行收到单据审核后来电，表示单证不符，拒绝付款，具体不符点包括：

(1) 商业发票上没有受益人签名；

(2) 正本提单仅有一份(one copy)，不符合全套(full set)要求；

(3) 保险单上的保险金额与发票金额相同，没有按照 110% 投保，因此投保金额不足。

结合所学知识，分析上述案例，思考：开证行单证不符的理由是否成立？请说明理由。

模块 3

国际结算单据

国际贸易中通常采用象征性交货,在信用证方式下付款的前提是单证相符,单据的准确程度决定了能否安全收汇。所以,应严格按照信用证的要求向银行提供一套完整、正确的单据,确保单证、合同、实际货物的一致性,以便顺利、及时结汇。

项目 6
信用证项下单据的制作

学习目标

【知识目标】
熟悉结汇单据的内容和制作方法。

【能力目标】
能够准确制作商业发票、海运提单。

任务 1　制作商业发票

案例导入

根据信用证及补充资料制作商业发票。

1. 信用证

SQUENCE OF TOTAL	27:1/1
FORM OF DOC. CREDIT	40A:IRREVOCABLE
DOC. CREDIT NUMBER	20:LC196107800
DATE OF ISSUE	31C:20201015
APPLICABLE RULES	40E:UCP LATEST VERSION

DATE AND PLACE OF EXPIRY
                            31D:20201215 IN THE COUNTRY OF BENEFICIARY
APPLICANT   50:ABC CO.
                            1-3 MACHI KU STREET,OSAKA,JAPAN
ISSUING BANK   52A:INDUSTRIAL BANK OF JAPAN, TOKYO
BENEFICIARY   59:GUANGZHOU YIXIN CO. ,LTD.
                            NO.91 BEIJING ROAD,GUANGZHOU,CHINA.
AMOUNT   32B:CURRENCY USD AMOUNT 12630,00
AVAILABLE WITH /BY...   41D:ANY BANK IN CHINA BY NEGOTIATION
DRAFTS AT...   42C:DRAFTS AT SIGHT
                            FOR 100 PCT INVOICE VALUE
DRAWEE   42D:THE INDUSTRIAL BANK OF JAPAN,
                            HEAD OFFICE
PARTIAL SHIPMENTS   43P:ALLOWED
TRANSSHIPMENT   43T:NOT ALLOWED
LOADING/DISPATCHING/TAKING
                            44A:GUANGZHOU
FOR SHIPMENT TO   44B:OSAKA
LATEST DATE OF SHIP.   44C:20201130
DESCRIPTION OF GOODS   45A:
                            CARDBOARD BOX
    YL-256   1550PCS   @USD4.50/PC CIF   OSAKA
    YL-286   1450PCS   @USD3.90/PC CIF   OSAKA
        PACKED IN CARTONS AS PER S/C NO.
DOCUMENTS REQUIRED   46A:
                            +SIGNED COMMERCIAL INVOICE IN TRIPLICATE.
                            +SIGNED PACKING LIST IN TRIPLICATE.
                            +INSURANCE POLICY OR CERTIFICATE ENDORSED IN BLANK FOR 110 PCT OF CIF VALUE, COVERING W.P.A RISK AND WAR RISK.
                            +3/3 PLUS ONE COPY OF CLEAN "ON BOARD" OCEAN BILLS OF LADING MADE OUT TO ORDER AND BLANK ENDORSED MARKED "FREIGHT PREPAID" AND NOTIFY APPLICANT.
ADDITIONAL CONDITIONS 47A:
                            + ALL DRAFTS DRAWN HEREUNDER MUST BE MARKED "DRAWNUNDER INDUSTRIAL BANK OF JAPAN, LTD., HEAD OFFICE, CREDIT NO. LC196107800 DATED OCT.15,2020".
                            +T/T REIMBURSEMENT IS NOT ACCEPTABLE.

DETAILS OF CHARGES	71B:	ALL BANKING CHARGES OUTSIDE JAPAN ARE FOR BENEFICIARY'S ACCOUNT.
PRESENTAION PERIOD	48:	DOCUMENTS MUST BE PRESENTED WITHIN 15 DAYS AFTER THE DATE OF ISSUANCE OF THE SHIPPING DOCUMENTS BUT WITHIN THE VALIDITY OF THE CREDIT.
CONFIRMATION INSTRUCTIONS	49:	WITHOUT
	78:	THE AMOUNT AND DATE OF NEGOTIATION OF EACH DRAFT MUST BE ENDORSED ON THE REVERSE OF THIS CREDIT. ALL DOCUMENTS INCLUDING BENEFICIARY'S DRAFTS MUST BE SENT BY COURIER SERVICE DIRECTLY TO OUR HEAD OFFICE. MARUNOUCHI, CHIYODA-U, TOKYO, JAPAN 100, ATTN. INTERNATIOANL BUSINESS DEPT. IMPORT SECTION, IN ONE LOT. UPON OUR RECEIPT OF THE DRAFTS AND DOCUMENTS, WE SHALL MAKE PAYMENT AS INSTRUCTED BY YOU.

2. 补充资料：

(1) Invoice No.：YL71001

(2) Invoice Date：NOV. 10, 2020

3. 商业发票

COMMERCIAL INVOICE

Issuer：   No.：

To：   Date：

                                    S/C No.：

Transport Details：   Terms of Payment：

Marks and Nos.	No. and Kind of Packages；Description of Goods and Quantity	Unit Price	Amount

案例分析

GUANGZHOU YIXIN CO., LTD.
NO. 91 BEIJING ROAD GUANGZHOU, CHINA.
COMMERCIAL INVOICE

To: ABC CO.   No.: YL71001
    1-3 MACHI KU STREET   Date: NOV. 10, 2020
    OSAKA, JAPAN   S/C No.: YL20101

Transport Details: Terms of Payment: L/C AT SIGHT
FROM GUANGZHOU PORT TO OSAKA BY SEA

Marks and Nos.	No. and Kind of Packages; Description of Goods and Quantity	Unit Price	Amount
ABC OSAKA NO. 1-60	3000PCS OF CARDBOARD BOX YL-256 1550PCS YL-286 1450PCS	CIF OSAKA USD 4.50/PC USD 3.90/PC	USD 6975.00 USD 5655.00 USD 12630.00

GUANGZHOU YIXIN CO., LTD.

相关知识

 商业发票的含义

商业发票是卖方（出口商）发货时，向买方（进口商）开立的发货价目清单，是包括交易货物名称、数量、价格等内容的总清单，是对所装运货物及整个交易的总说明。商业发票是买卖双方交接货物、结算货款的最主要单据之一。

商业发票样本如下：

NANJING HUIHUANG FOODS CO., LTD.
YUN MANSION RM3908 NO. 85 FUZI RD., NANJING 210005, CHINA
Tel:0086-25-47150 ** Fax:0086-25-47111 **

COMMERCIAL INVOICE

To: RED FLOWER TRADING CO.
  P. O. BOX 536, RIYADH 22766, KSA
  TEL:00966-1-46592 **
  FAX:00966-1-46592 **
From: SHANGHAI, CHINA

Invoice No.: 2020NHT098
Invoice Date: NOV. 26, 2020
S/C No.: UY90
S/C Date: SEP. 19, 2020
To: DAMMAM PORT, SAUDI ARABIA

Marks and Nos.	Description of Goods	Quantity	Unit Price	Amount
RFT RIYADH C/NO. 1-1750	CANNED MUSHROOM PIECES & STEMS 24 TINS × 220 GRAMS ROSE BRAND	1750CTNS	CIF DAMMAM PORT USD 8.00/CTN	USD14000.00
	Total	1750CTNS		USD14000.00
Total:	SAY U.S. DOLLARS FOURTEEN THOUSAND ONLY			

FOB Value: USD12920.00
Freight Charges: USD1000.00

              NANJING HUIHUANG FOODS CO., LTD.
                   章胜

二、商业发票的缮制规范

1. 出口商

商业发票顶端必须有出口商的名称、地址等，在出口商名称下，应注明"商业发票"（Commercial Invoice）或"发票"（Invoice）字样。

2. 发票抬头人

发票抬头人通常为国外进口商。使用信用证方式付款时，除非另有规定，否则应为开证申请人。

3. 发票号码、合同号码、信用证号码及开票日期

发票号码由出口商自行按顺序编制。合同号码和信用证号码应与信用证所列一致，如信用证无此要求，亦应列明。开票日期不应与运单日期相距太远，但必须在信用证交单

期和有效期之内。

4. 装运地和目的地

装运地和目的地应与信用证所列一致,目的地应明确具体,若有重名,应写明国别。

5. 运输标志(唛头)

凡来证有指定唛头的,按来证的要求制作。如无规定,由托运人自行制作唛头。以集装箱方式装运时,可以用集装箱号和封印号码代替。运输单据和保险单上的唛头,应与发票一致。

6. 货物描述

关于货物的描述应符合合同要求,包括名称、规格、包装、数量和件数等,还必须和信用证所用文字完全一致。如列明重量时应列明总的毛重和净重。

7. 单价和总值

单价和总值必须计算准确,与数量之间不可有矛盾,应列明价格条件,总值不可超过信用证金额,若超过,则为超值发票,银行可以接受,也有权拒收。

8. 附加证明

附加证明大致有以下几种:
(1)加注费用清单:运费、保险费和 FOB 价。
(2)注明特定号码,如进口许可证号、布鲁塞尔税则号。
(3)注明原料来源地的证明文句。

9. 出单人名称

发票由出口商出具,在信用证付款方式下,出单人必须是受益人。《UCP600》规定,商业发票可以只标明出单人名称而不加签署。如需签字,来证中应明确规定,如 Signed Commercial Invoice。

 三、商业发票的作用

商业发票的作用有以下几个:

1. 卖方的履约证明文件

发票是一笔交易的全面叙述,它详细列明了货物名称、数量、单价、总值、重量和规格等内容,它能使进口商识别所装的货物是否属于某笔订单,出口商是否按照合同规定的内容和要求装运所需货物。所以发票是最重要的履约证明文件。

2. 进出口双方记账的凭证

对出口商来说，可以通过发票了解销售收入、收汇情况，核算盈亏，并定期向外销业务人员提供逾期未收汇情况。对进口商来说，同样可以根据发票逐笔记账，按时结算货款，履行合同义务。因此，发票是销售货物的凭证，世界各国的企业都凭发票记账。

3. 办理报关纳税的依据

出口商装运货物前需向海关递交商业发票等单据报关，发票中载明的价值和有关货物的说明是海关确定税金和放行的重要依据。国外进口商同样需在货物到达时向当地海关当局呈送发货人的发票以进行进口申报，海关凭以核算税金，并使进口商得以迅速清关提货。

4. 替代汇票

在信用证不要求使用跟单汇票时，开证行应根据发票金额付款，这时发票就代替了汇票。在其他不用汇票结汇的业务中，也用发票替代汇票进行结算。

除以上几点以外，发票还作为我国出口商向商检机构办理商检，向银行办理结汇以及统计、投保、理赔、外汇核销、出口退税等业务的重要凭证。

四、发票的认证条款

例如，SIGNED COMMERCIAL INVOICE IN 3 FOLD ORIGINAL OF WHICH SHOULD BE CERTIFIED BY CHAMBER OF COMMERCE OR CCPIT AND LEGALIZED BY U. A. E. EMBASSY/CONSULATE AT BENEFICIARY'S COUNTRY（签字发票一式三份，其中一份正本需由受益人所在国的商会或贸促会认证，再经阿拉伯联合酋长国大使馆或领事馆认证）。

发票的认证条款应尽可能改证取消，因为认证需要的时间较长，且费用较高，很容易错过信用证的交单有效期，遭银行拒付。如不能取消，核算成本时应将认证费用考虑在内，并留足交单期。

五、《UCP600》有关商业发票的条款

（1）《UCP600》第 18 条 a 款规定："商业发票必须看似由受益人出具（第 38 条规定的情形除外），必须出具成以申请人为抬头（第 38 条 g 款规定的情形除外），必须与信用证的货币相同，无须签字。"b 款规定："按指定行事的指定银行、保兑行（如有的话）或开证行可以接受金额大于信用证允许金额的商业发票，其决定对有关各方均有约束力，只要该银行对超过信用证允许金额的部分未做承付或者议付。"c 款规定："商业发票上的货物、服务

或履约行为的描述必须与信用证中显示的内容相符。"

（2）《UCP600》第 17 条 a 款规定："信用证中规定的各种单据必须至少提供一份正本。"b 款规定："除非单据本身表明其不是正本，银行将视任何单据表面上具有单据出具人正本签字、标志、图章或标签的单据为正本单据。"c 款规定："除非单据另有显示，银行将接受单据作为正本单据，如果该单据表面看来由单据出具人手工书写、打字、穿孔签字或盖章，表面看来使用单据出具人的正本信笺或声明单据为正本，除非该项声明表面看来与所提示的单据不符。"d 款规定："如果信用证要求提交副本单据，则提交正本单据或副本单据均可。"e 款规定："如果信用证使用诸如一式两份、两张、两份等术语要求提交多份单据，则可以提交至少一份正本，其余份数以副本来满足，但单据本身另有相反指示者除外。"

（3）《UCP600》第 30 条 a 款规定："约或大约用于信用证金额或信用证规定的数量或单价时，应解释为允许有关金额或数量或单价有不超过 10％的增减幅度。"b 款规定："在信用证未以包装单位件数或货物自身件数的方式规定货物数量时，货物数量允许有 5％的增减幅度，只要总支取金额不超过信用证金额。"c 款规定："如果信用证规定了货物数量，而该数量已全部发运，及如果信用证规定了单价，而该单价又未降低，或当第 30 条 b 款不适用时，则即使不允许部分装运，也允许支取的金额有 5％的减幅。若信用证规定有特定的增减幅度或使用第 30 条 a 款提到的用语限定数量，则该减幅不适用。"

任务 2　制作运输单据

案例导入

请根据任务 1 案例导入中的信用证及以下的补充资料制作海运提单。

1.补充资料

(1) G.W.：36KGS/CTN，N.W.：35KGS/CTN，MEAS.：0.55M^3/CTN

(2) H.S. Code：4819.1000

(3) Vessel：KAOHSIUNG V.1717S

(4) B/L No.：TH14HK17596

(5) B/L Date：NOV.29,2020

(6) Packing：IN 60 CTNS

2. 海运提单

Shipper		B/L No.		
Consignee		中远集装箱运输有限公司 COSCO CONTAINER LINES		
Notify Party Insert Name, Address and Phone				
Combined Transport * Pre-carriage by	Combined Transport * Place of Receipt	Port-to-Port or Combined Transport **BILL OF LADING**		
Ocean Vessel Voy. No.	Port of Loading			
Port of Discharge	Combined Transport *			
Marks & Nos.	No. of Containers or Packages	Description of Goods	Gross Weight	Measurement
		Description of Contents for Shipper's Use Only (Not Part of This B/L Contract)		
Total No. of Containers and/or Packages (in Words)				
Freight & Charges	Revenue Tons	Rate	Per	Prepaid	Collect
Ex. Rate	Prepaid at	Payable at		Place and Date of Issue
	Total Prepaid	No. of Original B(s)/L		Signed for the Carrier
Laden on Board the Vessel				
Date		By		

案例分析

Shipper GUANGZHOU YIXIN CO., LTD. NO. 91 BEIJING ROAD GUANGZHOU, CHINA		B/L No. TH14HK17596	
Consignee TO ORDER		中远集装箱运输有限公司 **COSCO CONTAINER LINES**	
Notify Party Insert Name, Address and Phone ABC CO. 1-3 MACHI KU STREET OSAKA, JAPAN			
Combined Transport * Pre-carriage by	Combined Transport * Place of Receipt	Port-to-Port or Combined Transport **BILL OF LADING**	
Ocean Vessel Voy. No. KAOHSIUNG V. 1717S	Port of Loading GUANGZHOU PORT		
Port of Discharge OSAKA	Combined Transport * Place of Delivery		
Marks & Nos. ABC OSAKA NOS. 1-60 C/N:SNBU7121820	No. of Containers or Packages 60 CARTONS	Description of Goods CARDBOARD BOX CFS-CFS	Gross Weight 2160.00KGS	Measurement 33.00M^3
		Description of Contents for Shipper's Use Only (Not Part of This B/L Contract)		
Total No. of Containers and/or Packages (in Words) SAY SIXTY CARTONS ONLY				
Freight & Charges FREIGHT PREPAID	Revenue Tons	Rate	Per	Prepaid	Collect
Ex. Rate	Prepaid at	Payable at GUANGZHOU PORT	Place and Date of Issue GUANGZHOU, NOV. 29, 2020	
	Total Prepaid	No. of Original B(s)/L THREE	Signed for the Carrier: COSCO CONTAINER LINES	
Laden on Board the Vessel				
Date NOV. 29, 2020	By	KAOHSIUNG V. 1717S COSCO CONTAINER LINES		

相关知识

 提单

（一）提单的含义

提单（Bill of Lading）是对外贸易中运输部门承运货物时签发给发货人的一种凭证。收货人凭提单向货运目的地的运输部门提货，提单须经承运人或船方签字后方能生效。提单是海运货物向海关报关的有效单证之一。

（二）提单的内容

提单一般有正面和背面两面内容。其中正面记载的内容有：船名、航次、提单号、承运人名称、托运人名称、收货人名称、通知人名称、装货港、卸货港、转运港、货物名称、标志、包装、件数、重量、体积、运费支付、提单签发日、提单签发地点、提单签发份数、承运人或船长或其授权人的签字或盖章。

提单的正面和背面分别有印刷条款。通常这些条款是根据国际公约、各国法律和承运人的规定而印制，对托运人和承运人双方都有约束。不同的班轮公司，制定并印刷不同的条款，但基本条款相似，主要有：

1. 提单正面的确认条款

Received in apparent good order and condition except as otherwise noted the total number of containers or other packages or unites enumerated below for transportation from the place of receipt to the place delivery subject to the terms and conditions hereof.

承运人在货物或集装箱外表状况良好的条件下接受货物或集装箱，并同意承担按照提单所列条款，将货物或集装箱从起运地运往交货地，把货物交付给收货人。

2. 提单正面的不知条款

Weight, measure, marks, numbers, quality, contents and value of mentioned in this Bill of Lading are to considered unknown unless the contrary has expressly acknowledged and agreed to. The signing of this Bill of Lading is not to be considered as such an agreement.

承运人没有适当的方法对接受的货物或集装箱进行检查，所有货物的重量、尺码、标志、数量、品质和货物价值等都由托运人提供，对此，承运人并不知晓。

3. 提单正面的承诺条款

On presentation of this Bill of Lading duly endorsed to the Carrier by or on behalf of the Holder of Bill of Lading, the rights and liabilities arising in accordance with the terms and conditions hereof shall, without prejudice to any rule of common law or stature rendering them of the Bill of Lading as though the contract evidenced hereby had been made between them.

经承运人签发的提单是有效的,承运人承诺按照提单条款的规定,承担义务和享受权利,公平地也要求货主承诺接受提单条款规定,承担义务和享受权利。

4. 提单正面的签署条款

One original Bill of Lading must be surrendered duly endorsed in exchange for the goods or delivery order. In witness whereof the number of original Bill of Lading stated under have been signed, all of this tenor and date, one of which being accomplished, the other to stand void.

承运人签发的正本提单,具有相同法律效力,提取货物时必须交出经背书的一份正本提单,其中一份完成提货后,其余各份自行失效。

5. 提单背面的承运人赔偿责任条款

承运人赔偿责任条款是用以明确承运人对货物的灭失和损坏负有赔偿责任并应支付赔偿金时,承运人对每一件货物或每单位货物支付最高赔偿金额的条款。

此外,提单背面还有许多其他条款,如承运人的运价本条款、通知与支付条款、承运人的集装箱条款、托运人的集装箱条款、索赔通知与时效条款、运费与附加费条款、共同海损与救助条款、管辖权条款和新杰森条款等。

二、海运提单

(一)海运提单的定义及作用

海洋运输提单(Marine/Ocean Bill of Lading)或港至港运输提单(Port to Port B/L),简称海运提单。海运提单是证明海上运输合同的货物由承运人接管或装船以及承运人保证凭以交货的单据。

海运提单有以下几个作用:

1. 货物收据

海运提单是承运人发给托运人的收据,确认承运人已收到提单所列货物并已装船,或者承运人已接管了货物,以待装船。

2. 运输契约证明

海运提单是托运人与承运人的运输契约证明。承运人之所以为托运人承运有关货物,是因为承运人和托运人之间存在一定的权利义务关系,双方的权利义务关系以海运提单作为运输契约的凭证。

3. 货权凭证

海运提单是货物所有权的凭证,谁持有海运提单,谁就有权要求承运人交付货物,并且享有占有和处理货物的权利,海运提单代表了其所载明的货物。

(二)海运提单的关系人

海运提单的关系人有四种:承运人、托运人、收货人、被通知人。

1. 基本关系人

(1)承运人。承运人是负责运输货物的当事人,有时也被称为船方。
(2)托运人。托运人也称货方,可能是发货人(卖方),也可能是收货人(买方)。

2. 其他关系人

(1)收货人。收货人也被称为海运提单的抬头人,可以是托运人本身,也可以是第三人。
(2)被通知人。被通知人不是海运提单的当事人,只是收货人的代理人。

(三)海运提单的种类

海运提单可以从不同角度加以分类,具体见表 6-1。

表 6-1　　　　　　　　　　　海运提单种类

分类标准	类 型	英 文	含 义	备 注
货物是否装船	已装船提单	On Board B/L or Shipped B/L	承运人已将货物装上指定的船只后签发的提单	《UCP600》规定,在信用证无特殊规定的情况下,要求卖方必须提供已装船提单
	备运提单	Received for Shipment B/L	承运人收到托运的货物待装船期间,签发给托运人的提单	备运提单上面没有装船日期,也无载货的具体船名。银行一般不接受备运提单
货物表面有无不良批注	清洁提单	Clean B/L	货物装船时,表面状况良好,承运人在签发提单时未加任何货损、包装不良或其他有碍结汇批注的提单	在签发清洁提单的情况下,如交货时货物受损,就说明货物是在承运人接管后受损的,承运人必须承担赔偿责任
	不清洁提单	Unclean B/L or Foul B/L	承运人收到货物之后,在提单上加注了货物外表状况不良或货物存在缺陷和包装破损的提单	不清洁提单不能结汇
海运提单的抬头	记名提单	Straight B/L	在提单的收货人栏内,具体写明了收货人名称的提单	记名提单只能由提单内指定的收货人提货,所以提单不易转让
	不记名提单	Open B/L	在提单收货人栏内不填明具体的收货人或指示人的名称而留空的提单	不记名提单又称空白提单,不记名提单的转让不需任何背书手续,仅凭提单交付即可,提单持有者凭提单提货
	指示提单	Order B/L	收货人栏内,只填写"凭指示"(To order)或"凭某人指示"(To order of …)字样的提单	指示提单通过背书方式可以流通或转让,又称可转让提单

(续表)

分类标准	类型	英文	含义	备注
运输方式	直达提单	Direct B/L	轮船装货后,中途不经过转船而直接驶往指定目的港,由承运人签发的提单	直达提单上仅列有装运港和目的港的港口名称
	转船提单	Transshipment B/L	货物经由两程以上船舶运输至指定目的港,由承运人在装运港签发的提单	转船提单内一般注明"在某港转船"的字样
	联运提单	Through B/L	海陆、海空、海河、海海等联运货物,由第一承运人收取全程运费后并负责代办下程运输手续,在装运港签发的全程提单	卖方可凭联运提单在当地银行结汇
其他情况	舱面提单	On Deck B/L	对装在甲板上的货物所签发的提单	在舱面提单上一般都有"装舱面"(On Deck)字样
	过期提单	Stale B/L	卖方向当地银行交单结汇的日期与装船开航的日期相距太久,以致银行按正常邮程寄单预计收货人不能在船到达目的港前收到的提单	根据《UCP600》规定,在提单签发日期后21天才向银行提交的提单也属于过期提单
	倒签提单	Anti-dated B/L	承运人应托运人的要求,签发提单的日期早于实际装船日期,以符合信用证对装船日期的规定,便于在该信用证下结汇的提单	根据国际贸易惯例和有关国家的法律实践,错填提单日期,是一种欺骗,属违法行为
	预借提单	Advanced B/L	信用证规定装运日期和议付日期已到,货物因故而未能及时装船,但已被承运人接管,或已经开始装船而未装毕,托运人出具保函,要求承运人签发的已装船提单	预借提单与倒签提单属同一种性质的提单,为了避免造成损失,尽量不用或少用这两种提单

(四)海运提单的内容

依据 1924 年制定的《统一提单的若干法律规则的国际公约》(International Convention for the Unification of Certain Rules of Law Relating to Bill of Lading)的规定,海运提单正面内容除了包括托运人、收货人、被通知人、船名、国籍、航次、装运港、运费、提单签发份数、签单日期以及签单人外,还有如下规定:

(1)托运人所提供的详细情况,包括货名、标志和号数、件数、毛重、尺码等,如填写不准、错误或谎报,一切后果和所造成的损失,应由托运人承担。

(2)声明货物表面状况良好,已装上船,并应在卸货港或该船所能安全到达且保持浮泊的附近地点卸货。

(3)正本提单其中一份完成提货手续后,其余各份失效。

(4)托运人、收货人和本提单的持有人明确表示接受并同意提单和它背面所载的一切印刷、书写或打印的规定、免责事项和条件。

海运提单的背面条款包括：

(1)承运人的责任与义务条款。

(2)承运人免责条款。

(3)索赔与诉讼的责任与义务条款。

(4)有关特殊货物运输条款。

(5)其他条款。

(五)海运提单的缮制规范

《UCP600》对海运提单的规定主要集中在第 23、31、32、33、40 条中。

1. 托运人(Shipper)

与海运托运单相应栏目填法相同。

若信用证没有特别规定,托运人可以是任何人。

2. 收货人(Consignee)

与海运托运单相应栏目填法相同。

收货人必须与信用证规定的一致。

如果收货人栏目做成"To Order""To Order of Shipper"或"To Order of Negotiating Bank",则托运人或议付行应在提单背面做空白背书。

如果收货人栏目做成"To Order of Issuing Bank"或"To Order of Applicant",则托运人不必进行背书。

3. 通知人(Notify Party)

几乎所有的海运提单上都有通知人这一项,但记名提单就没有必要再填写通知人了,因此这时可以填写"Same as Consignee"。通知人有时也作为预定收货人或代理人。

通知人必须与信用证规定的完全一致。如果信用证没有规定,此栏可以不填,即使已经填写了内容,银行也可以接受但不必进行审核。

4. 收货地(Place of Receipt)

收货地栏填报实际收货地点,如工厂、仓库等。在一般海运提单中,没有此栏目,但是在多式联运提单中就有此栏目。如果海运提单注明的收货地与装货港不同,例如,收货地为"Nanjing",装货港为"Shanghai",则不管是已装船提单还是备运提单都必须加注已装船批注、装船日期、实际装船的船名和装货港名称。

5. 装货港(Port of Loading)

与海运托运单相应栏目填法相同。

海运提单上的装货港必须与信用证规定的装货港一致。例如,信用证规定装货港为"Shanghai",应把"Shanghai"显示在海运提单的"装货港"(Port of Loading)处,不能将其显示在"收货地"(Place of Receipt)处,而把装货港写成另一个港口名。

同时,还要填写实际港口的名称。例如,信用证规定"from Chinese Port",则海运提单上的装货港应显示具体港口的名称,如"Shanghai Port"。

如果信用证规定"from Tianjin Port/Shanghai Port",则装货港栏只需填写一个港口即可。

如果提单上显示了"Intended Port of Loading/Intended Port of Discharge",则不管是已装船提单还是备运提单都必须加注已装船批注、装船日期和实际装货港或卸货港名称。

6. 船名(Name of the Vessel)

若是已装船提单,须注明船名和航次,若是备运提单,待货物实际装船完毕后记载船名。该项记载的意义有多方面:便于购买保险;便于跟踪查询;发生合同纠纷时,法院有确定的客体;可采取诉讼保全等。只要符合信用证条款,《UCP600》第23条,适合海洋运输,可以接受任何船名的海运提单。

如果在海运提单上显示了"Intended Vessel:A Vessel",则不管是已装船提单还是备运提单都必须加注已装船批注、装船日期和实际装船的船名。

此栏必须填写船名和航次(Voy. No.),如没有航次,可以不填写。

7. 转运港(Port of Transshipment)

只有货物在海运途中进行转运时才填写转运港栏。

例如,信用证规定:"Shipment from Shanghai to Hamburg with Transshipment at Hong Kong",则提单可以这样填写:

装货港:Shanghai,卸货港:Hamburg with Transshipment at Hong Kong,转运港可不填;或者卸货港:Hamburg,转运港:Hong Kong。

如果信用证允许转运,在同一海运提单全程海运前提下,银行可以接受货物将被转运的海运提单。

即使信用证禁止转运,银行也可接受以下提单:

(1)表明转运将发生,前提是提单上已证实有关的货物是由集装箱(Container)、拖车(Trailer)或子母船(LASH)装运,而且同一海运提单包括全程海运运输。

(2)含有承运人有权转运的条款,但不包括诸如"Transshipment has Taken Place"等明确表示已转运的提单。

8. 卸货港(Port of Discharge)

与海运托运单相应栏目填法相同。

海运提单中的卸货港必须与信用证规定的卸货港一致。例如,信用证规定卸货港为"Hamburg",应把"Hamburg"显示在海运提单的"卸货港"(Port of Discharge)处,不能将其显示在"交货地"(Place of Delivery)处,而把卸货港写成另一个港口名。又如,当信用证规定"from Shanghai to Hamburg via Singapore"时,则应将"Hamburg"显示在"卸货港"处,不能将"Singapore"写在"卸货港"处,而把"Hamburg"标注在"交货地"处。同时应填写实际港口的名称。例如,信用证规定"To European Main Port",则提单上的卸货港应显示具体港口的名称,如"Hamburg Port"。

9. 交货地(Place of Delivery)

可根据实际情况填写具体的交货地名称。如果收货地与交货地都空白,就是普通的海运提单,而不是多式联运提单了。

10. 签发的提单份数[No. of Original B(s)/L]

与海运托运单相应栏目填法相同,但必须显示签发了几份正本。

如果提单上标注有"Duplicate"和"Triplicate",其效力等同于"Second Original""Third Original",可以被接受。

11. 提单编号(B/L No.)

提单编号一般按装货单上的编号(关单号)填写,由代表船公司名称的字母和代表该航次、该序号的数字组成。提单编号查询、操作、核查、归档是必不可少的一项重要内容。

12. 标记与封号(Marks & Nos.,Container/Seal No.)

与海运托运单相应栏目填法相同。

海运提单上的标记与封号应与信用证及其他单据一致。当没有唛头时,用"N/M"表示。托运时,一般还没有箱号、封号,可以不填,但是提单上必须填报每一个集装箱的箱号、封号。

13. 箱数与件数(No. of Packages or Shipping Units)

与海运托运单相应栏目填法相同。

箱数与件数栏也是一旦发生赔偿时计算赔偿费的一个计量数。

14. 货物名称与包装种类(Description of Goods)

与海运托运单相应栏目填法相同。

海运提单上的货物应是信用证规定的货物。但在与信用证规定的货物描述不矛盾的前提下可以用商品的统称,例如,信用证的品名为"Lady's Shirts",而海运提单显示"Garment",是可以接受的。

如果海运提单上显示了不是信用证所规定的货物,即使这些附加货物无须付款,也不能接受。

15. 毛重(Gross Weight)

与海运托运单相应栏目填法相同。

海运提单上的毛重栏目显示的是货物的毛重。当货物无毛重时,可以在标有毛重的栏目加注净重:N.W.:××KGS。

16. 体积(Measurement)

与海运托运单相应栏目填法相同,一般以 M^3 为计量单位。

17. 总箱数/货物总件数(Total No. of Containers and/or Packages)

用英文大写字母来填写集装箱的总箱数或货物的总件数。在件数前面须加上"SAY"字样,在结尾加上"ONLY"字样。例如,35 CTNS:SAY THIRTY FIVE CARTONS ONLY。

18. 控制温度指令(Temperature Control Instruction)

如果为冷藏集装箱,控制温度指令栏填写要求的冷藏温度。

19. 运费的支付(Payment of Freight)

与海运托运单相应栏目填法相同。

20. 货物价值申报(Excess Value Declaration)

如果托运人有货物价值向承运人申报,可填写在此栏内。

21. 已装船批注、装船日期、装运日期(Shipped on Board the Vessel,Date,Signature)

海运提单必须是已装船提单,即使信用证未标明"Shipped on Board B/L",海运提单也一定要有"已装船"(on Board)的表示。

海运提单要显示装船日期,而且此日期不能迟于信用证规定的最迟装运日。

实务中可分成两种情况:

(1)海运提单上预先印有"已装船"或相同意思文字,如"Shipped on board the vessel named here in apparent good order and condition…"或"Shipped in apparent good order and condition…",这种提单通常是"已装船提单",不必另行加注"已装船"批注,海运提单的签发日期就是装船日期和装运日期。

(2)海运提单上只有"Received by the carrier from the shipper in apparent good order and condition…",这通常是"备运提单",这时需在海运提单上加注"已装船"的批注,并在旁边显示装船日期,该装船日期即装运日期,而提单的签发日期不能视作装船日期和装运日期。

22. 签发提单的日期和地点(Place and Date of Issue)

与海运托运单相应栏目填法相同。

签发地点一般是装货港的所在地,如与该地不一致,也可以接受。

每张海运提单都必须有签发日期。

23. 承运人或承运人的代理人签字、盖章(Signature or Authenticate)

海运提单必须由承运人、船长或代替、代表他们的具体代理人签发或证实。

海运提单签发的表示方式见表 6-2。

表 6-2　　　　　　　　　　海运提单签发的表示方式

签发人	表示方式	备　注
承运人	XYZ Shipping as Carrier(签署) as Carrier:XYZ Shipping(签署) XYZ Shipping(签署)	如果承运人的身份已于单据正面标示,签署栏内无须再次标示其身份
承运人的代理人	ABC Co.,Ltd. as Agent for XYZ Shipping,Carrier(签署) ABC Co.,Ltd. as Agent on Behalf of XYZ Shipping(签署) ABC Co.,Ltd. as Agent for the above Named Carrier(签署) ABC Co.,Ltd. as Agent on Behalf of the Carrier(签署)	海运提单表面上已有承运人身份和名称
船长	John Doe(本人签字)as Master	姓名不必标注,但须有承运人的身份和名称
船长的代理人	ABC Co.,Ltd. as Agent for John Doe,Master ABC Co.,Ltd. on Behalf of John Doe,Master	船长的姓名和代理人名称必须显示,而且提单表面上必须有承运人的身份和名称

24. 目的港提货代理(Agent Name for Delivery)

目的港提货代理栏填写承运人或代理人在目的港提货点联系的代理名称,包括地址、电话等联系方式。

25. 单据名称(Title)

只要单据名称符合信用证条款、《UCP600》第 23 条,货物适合海洋运输,即可接受。海运提单上的单据名称必须与信用证规定的一致。

26. 清洁提单(Clean B/L)

清洁提单是指承运人对货物表面状况未加如"货物残缺或包装破损"等不良批注的提单。

如果信用证没有特别规定,所提交的海运提单必须是清洁的,但"清洁"(Clean)字样的出现与否均不影响该海运提单的清洁状态。

(六)海运提单样本

1. 金发海运货运委托书

金发海运货运委托书

经营单位 （托运人）	上海进出口贸易公司		金 发 编 号	JF0388811	
提单 B/L 项目 要求	发货人：上海进出口贸易公司 Shipper：				
	收货人：TO ORDER OF SHIPPER Consignee：				
	通知人：TKAMLA CORP. Notify Party：6-7,KAWARA MACH OSAKA JAPAN				
洋运费(√) Sea Freight	预付(√)或( )到付 Prepaid or Collect	提单 份数	3	提单寄 送地址	上海中山路 1321号
起运港	SHANGHAI	目的港	OSAKA	可否转船	允许	可否分批	允许
集装箱预配数		20×1　40×		装运期限	2020.6.10	有效期限	2020.6.20
标记唛码	包装 件数	中英文货号 Description of Goods	毛重 (KGS)	尺码 (M³)	成交条件 （总价）
T.C TXT264 OSAKA C/NO.1－66	66箱	中国绿茶 CHINESE GREEN TEA	416	13.2	USD32800.00
			特种货物 □冷藏货 □危险品	重件：每件重量 大件 （长×宽×高）	
内装箱 (CFS)地址	上海逸仙路2960号三号门 电话：6820682×215		特种集装箱：（　　　　）		
门对门装箱地址	上海市中山路1321号		物资备妥日期	2020年6月8日	
外币结算账号	THY66843213**		物资进栈：自送(√)或金发派送( )		
声明事项			人民币结算单位账号	SZR80066686	
			托运人签章		
			电 话	657888**	上海进出口 贸易公司
			传 真	657888**	
			联系人	××	
			地 址	上海市中山路1321号	
			制单日期：2020年6月1日		

2. 集装箱货物托运单

Shipper(发货人) SHANGHAI IMP. & EXP. TRADE CORP. 1321 ZHONGSHAN ROAD SHANGHAI				委托号：TX0522 Forwarding Agents： B/L No.：				第二联
Consignee(收货人) TO OROER OF SHIPPER				中国对外贸易运输总公司 集装箱货物托运单 船代留底				
Notify Party(通知人) TKAMLA CO. 6-7,KAWARA MACH OSAKA JAPAN								
Pre-carriage by(前程运输)				Place of Receipt(收货地点)				
Ocean Vessel(船名)		Voy. No.(航次)		Port of Loading(装货港) SHANGHAI		Date(日期)		
Port of Discharge(卸货港) OSAKA		Place of Delivery(交货地点) OSAKA		Final Destination for the Merchant's Reference(目的地)			
Container No. (集装箱号)	Seal No.(封号) Marks & Nos. (标记与号码) T.C TXT264 OSAKA C/NO.1－66	No. of Containers or Pkgs (箱数或件数) 66CARTONS	Kind of Packages； Description of Goods (包装种类与货名) CHINESE GREEN TEA			Gross Weight 毛重(KGS) 416	Measurement 尺码(M³) 13.2	
Total No. of Containers or Packages (in Words)集装箱数或件数合计(大写)				SAY TOTAL SIXTY SIX CARTONS ONLY				
Container No.(箱号)	Seal No.(封号)	Pkgs(件号) 66CARTONS		Container No.(箱号)	Seal No.(封号)	Pkgs(件号)		
Received(实收)				By Terminal Clerk/Tally Clerk (场站员/理货员签字)				
Freight & Charges	Prepaid at (预付地点)		Payable at (到付地点)	Place of Issue (签发地点)	Booking Approved by (订舱确认)			
	Total Prepaid (预付总额)		No. of Original B(s)/L (正本提单的份数)	货值金额				
Service Type on Receiving ☐CY ☐CFS ☐DOOR				Service Type on Delivery ☐CY ☑CFS ☐DOOR	Reefer Temperature Required(冷藏温度)	℉	℃	
Type of Goods (种类)	☑Ordinary (普通) ☐Liquid (液体)	☐Reefer (冷藏) ☐Live Animal (活动物)	☐Dangerous (危险) ☐Bulk (散装)	☐Auto (裸装车辆)	危 险 品	Class： Property： IMDG Code Page： UN No.		
发货人或代理地址：1321 ZHONGSHAN ROAD SHANGHAI			联系人：××	电话:657888**				
可否转船 Y	可否分批 Y	装运期 JUN.10,2020 || 备注	集装场站名称				
有效期:JUN.30,2020 || 制单日期 JUN.2,2020							
运费由　上海进出口贸易公司　　支付 如预付运费托收承付,请填准银行账号 THY6684321337								

3. 配舱回单

Shipper(发货人) SHANGHAI IMP. & EXP. TRADE CORP. 1321 ZHONGSHAN ROAD SHANGHAI		D/R No.(编号) HJSHBI 142939	
Consignee(收货人) TO ORDER OF SHIPPER		中国对外贸易运输总公司 配舱回单(1) （上海进出口贸易公司 章） 第八联	
Notify Party(通知人) TKAMLA CORP. 6-7, KAWARA MACH OSAKA JAPAN			
Pre-carriage by(前程运输)	Place of Receipt(收货地点)		
Ocean Vessel(船名) Voy. No.(航次) PUDONG V. 503	Port of Loading(装货港) SHANGHAI		
Port of Discharge(卸货港) OSAKA	Place of Delivery(交货地点)	Final Destination for the Merchant's Reference (目的地)	

Container No. (集装箱号)	Seal No.(封号) Marks & Nos. (标记与号码)	No. of Containers or Pkgs (箱数或件数)	Kind of Packages; Description of Goods (包装种类与货名)	Gross Weight 毛重(KGS)	Measurement 尺码(M³)
	T.C TXT264 OSAKA C/NO.1—66	66CARTONS	66CARTONS CHINESE GREEN TEA	416	13.2

Total No. of Containers or Packages (in Words) 集装箱数或件数合计(大写)	SAY TOTAL SIXTY SIX CARTONS ONLY		
Freight & Charges (运费与附加费)	Revenue Tons (运费吨)	Rate(运费率)	Per(每)	Prepaid(运费预付) PREPAID	Collect(到付)
Ex. Rate(兑换率)	Prepaid at(预付地点) SHANGHAI	Payable at(到付地点)		Place of Issue(签发地点) SHANGHAI	
	Total Prepaid(预付总额) USD815.00	No. of Original B(s)/L(正本提单份数) THREE			

Service Type on Receiving □—CY ☑—CFS □—DOOR	Service Type on Delivery □—CY ☑—CFS □—DOOR	Reefer Temperature Required (冷藏温度)	℉	℃

Type of Goods (种类)	☑ Ordinary （普通）	□ Reefer （冷藏）	□ Dangerous （危险）	□ Auto （裸装车辆）	危险品	Class: Property: IMDG Code Page: UN No.:
	□ Liquid （液体）	□ Live Animal （活动物）	□ Bulk （散货）	□		

可否转船：Y

装　期：JUN. 10,2020　　　可否分批：Y　　效　期：JUN. 30,2020

金　额：USD815.00

制单日期：JUN. 3,2020

4. 直运或转船提单

Shipper SHANGHAI IMP. & EXP. TRADE CORP. 1321 ZHONGSHAN ROAD SHANGHAI CHINA			B/L No. HJSHBI 142939 *ORIGINAL* 中国对外贸易运输总公司 CHINA NATIONAL FOREIGN TRADE TRANSPORT CO. 直运或转船提单 BILL OF LADING DIRECT OR WITH TRANSSHIPMENT

Shipper SHANGHAI IMP. & EXP. TRADE CORP. 1321 ZHONGSHAN ROAD SHANGHAI CHINA	B/L No. HJSHBI 142939 *ORIGINAL* 中国对外贸易运输总公司 CHINA NATIONAL FOREIGN TRADE TRANSPORT CO. 直运或转船提单 BILL OF LADING DIRECT OR WITH TRANSSHIPMENT
Consignee or Order TO ORDER OF SHIPPER	SHIPPED on board in apparent good order and condition (unless otherwise indicated) the goods or packages specified herein and to be discharged at the mentioned port of discharge or as near there to as the vessel may safely get and be always afloat.
Notify Address TALAMLA CORP. 6-7, KAWARA MACH OSAKA JAPAN	THE WEIGHT, measure, marks and nos., quality, contents and value, being particulars furnished by the Shipper, are not checked by the Carrier on loading.

Pre-carriage by	Port of Loading SHANGHAI	THE SHIPPER, Consignee and the Holder of this Bill of Lading hereby expressly accept and agree to all printed, written or stamped provisions, exceptions and conditions of this Bill of Lading, including those on the back hereof.
Ocean Vessel PUDONG V. 503	Port of Transshipment	
Port of Discharge OSAKA	Final Destination	IN WITNESS where of the no. of original Bill of Lading stated below have been signed, one of which being accomplished, the other(s) to be void.

Container Seal No. or Marks and Nos.	No. and Kind of Packages; Description of Goods	Gross Weight (KGS)	Measurement (M³)
T.C TXT264 OSAKA C/NO. 1-66	CHINESE GREEN TEA SAY SIXTY SIX(66) CARTONS ONLY TOTAL ONE 20' CONTAINER CY TO CY FREIGHT PREPAID	416	13.2

Regarding Transshipment INFORMATION PLEASE CONTACT			Freight and Charges FRIGHT PREPAID
Ex. Rate	Prepaid at	Payable at	Place and Date of Issue SHANGHAI JUN. 10, 2020
	Total Prepaid	No. of Original B(s)/L THREE	Signed for or on Behalf of the Master 丁毅 as Agent

任务 3 申领原产地证书

案例导入

根据以下信用证以及补充资料制作原产地证书。

1. 信用证

ISSUE OF A DOCUMENTARY CREDIT

ISSUED BY:	JPMORCAN CHASE BANK, NY
TO:	BANK OF CHINA, GUANGZHOU BRANCH
SEQUENCE OF TOTAL:	1/2
FORM OF DOCUMENTARY CREDIT:	IRREVOCABLE
LETTER OF CREDIT NO.:	C-788520
DATE OF ISSUE:	20201101
DATE AND PLACE OF EXPIRY:	20210121 IN CHINA
APPLICANT:	COMETALS 222 BRIDGE PLAZA SOUTH FORT LEE, NJ 17024, UNITED STATES
BENEFICIARY:	LINGHAI SIN IMP. & EXP. CO., LTD. NO. 56 TIANHE ROAD, GUANGZHOU, CHINA
CURRENCY CODE, AMOUNT:	CURRENCY USD AMOUNT 710000,00 CIF BALTIMORE
AVAILABLE WITH/BY...:	AVAILABLE WITH ANY BANK BY NEGOTIATION
DRAFTS:	AT SIGHT
DRAWEE:	JPMORCAN CHASE BANK, NY
PARTIAL SHIPMENTS:	PERMITTED
TRANSSHIPMENT:	PERMITTED
LOADING IN CHARGE AT/FROM:	GUANGZHOU
TRANSPORTATION TO:	BALTIMORE
LATEST DATE OF SHIPMENT:	20201231
DESCRIPTION OF GOODS:	200 KGS CHROMIUM METAL AT USD35550,00 PER METRIC TON. MATERIAL: CHROMIUM METAL GOODS ARE SUPPLIED IN STEEL DRUMS OF 25KGS EACH, G.W.: 200KGS, N.W.: 180KGS, MEASUREMENT: 5M^3. IN SEAWORTHY OCEAN CONTAINERS.
SHIPPING MARKS ON EACH DRUM:	CHRO PC-14228 COMETALS MADE IN CHINA

DOCUMENTS REQUIRED:	-ORIGINAL SIGNED COMMERCIAL INVOICE IN 3 COPIES COVERING.
	-INSURANCE POLICY IN TRIPLICATE FOR 110 PERCENT OF THE INVOICE VALUE SHOWING CLAIMS SETTING AGENT AT DESTINATION PORT AND THAT CLAIMS ARE PAYABLE IN THE CURRENCY OF THE DRAFT, COVERING ALL RISKS, WAR RISK AND S. R. C. C. .
	-FULL SET 3/3 OF SIGNED CLEAN ON BOARD OCEAN BILLS OF LADING MADE OUT TO ORDER OF COMETALS, NOTIFYING JOHN S. CONNOR, INC. INDICATIING OUR LETTER OF CREDIT NO. AND MARKED "FREIGHT PREPAID".
	-CERTIFICATE OF CHINESE ORIGIN CERTIFIED BY CHAMBER OF COMMERCE OR CCPIT.
PERIOD FOR PRESENTATION:	DOCUMENTS MUST BE PRESENTED WITHIN 21 DAYS AFTER SHIPMENT BUT WITHIN THE VALIDITY OF THE LETTER OF CREDIT.
	CONFIRMATION INSTRUCTIONS: WITHOUT ADDITIONAL INSTRUCTIONS:
	-THIS L/C IS NON-TRANSFERABLE.
	-BOTH QUANTITY AND AMOUNT 10 PERCENT MORE OR LESS ARE ALLOWED.
	-ALL DOCUMENT MUST INDICATE THIS CREDIT NO.

2. 补充资料

(1)货物全部由中国原产,无国外进口的成分。
(2)船名:YUAN HUA 700。
(3)发票号码:8888。
(4)发票开立时间:20201110。
(5)合同号码:SC7890-145。

3. 原产地证书

1. Exporter	Certificate No.
	CERTIFICATE OF ORIGIN **OF** **THE PEOPLE'S REPUBLIC OF CHINA**
2. Consignee	
3. Means of Transport and Route	5. For Certifying Authority Use Only
4. Country/Region of Destination	

6. Marks and Nos.	7. No. and Kind of Packages; Description of Goods	8. H. S. Code	9. Quantity	10. No. and Date of Invoices

11. Declaration by the Exporter	12. Certification
The undersigned hereby declares that the above details and statements are correct, that all the goods were produced in China and that they comply with the rules of origin of _____.	It is hereby certified that the declaration by the exporter is correct.
.... Place and date, signature and stamp of certifying authority	.... Place and date, signature and stamp of certifying authority

案例分析

一、一般原产地证书的填写

1. 出口商(Exporter)的名称、地址、国别

此栏的出口商必须是经检验检疫局登记注册的,其名称、地址必须与注册档案一致。必须填明在中国境内的出口商详细地址、国别(CHINA)。如果出口商是其他国家或地区某公司的分公司,申请人要求填境外公司名称时,必须在中国境内的出口商名称后加上"ON BEHALF OF(O/B)"或"CARE OF(C/O)",再加上境外公司名称。

2. 收货人(Consignee)的名称、地址和国别

此栏一般应填写最终收货人的名称,即提单通知人或信用证上特别声明的收货人,如最终收货人不明确或为中间商时可填"TO ORDER"。

3. 运输方式和路线(Means of Transport and Route)

此栏应填明装货港、目的港名称及运输方式(海运、空运或陆运)。经转运的,应注明转运地。

4. 目的地(Country/Region of Destination)

目的地指货物最终运抵港或国家、地区,一般应与最终收货人(第二栏)一致。

5. 签证机构专用栏(For Certifying Authority Use Only)

此栏留空。签证机构在签发后发证书、补发证书或加注其他声明时使用。

6. 唛头及包装号(Marks and Nos.)

此栏应照实填写完整的图案、文字标记及包装号。如唛头太多,本栏填不下,可填在商品名称、包装数量及种类(第七栏),商品编码(第八栏),数量和重量(第九栏)的空白处,如果还不够,可以附页填写。如果图案、文字无法缮制,可附复印件,但须加盖签证机构印章。如无唛头,应填"N/M"字样。

7. 商品名称,包装数量及种类(No. and Kind of Packages; Description of Goods)

此栏应填明商品总称和具体名称。在商品名称后须加上大写的英文数字并用括号加上阿拉伯数字及包装种类或度量单位。

如同批货物有不同品种则要有总包装箱数。最后应加上截止线,以防止填伪造内容。国外信用证有时要求填具合同、信用证号码等,可加在截止线下方空白处。

8. 商品编码(H. S. Code)

此栏要求填写四位数的 H. S. 品目号,若同一证书含有多种商品,应将相应的品目号全部填写。

9. 数量和重量(Quantity)

此栏应填写商品的计量单位。

10. 发票号与日期(No. and Date of Invoices)

此栏不得留空。月份一律用英文缩写。该栏日期应早于或同于出口商声明和签证机构证明栏的申报和签发日期。

11. 出口商声明(Declaration by the Exporter)

该栏由申领单位已在签证机构注册的人员签字并加盖企业中、英文印章,同时填写申领地点和日期,该栏日期不得早于发票日期(第十栏)。

12. 签证机构注明(Certification)

申请单位在此栏填写签证日期和地点,然后,由签证机构已授权的签证人签名、盖章。

签证日期不得早于发票日期(第十栏)和申领日期(第十一栏)。如信用证要求填写签证机关名称、地址、电话、传真以及签证人员姓名的,需仔细核对,要求准确无误。

二、普惠制产地证书的填写

普惠制产地证书标题栏(右上角)要填上检验检疫机构编定的证书号。例如,ZC314*/200001;ZC314*为公司注册号,20为2020年,0001为企业流水号。

1. 出口商名称、地址、国别

此栏中的出口商名称应与注册时的名称相同。必须填上国别、地址。例如:"SHENZHEN HUAYELONG CO.,LTD.,SHENZHEN,CHINA"。

2. 收货人名称、地址、国别

除欧盟国家、挪威外,此栏须填写给惠国最终收货人名称,不可填中间转口商的名称。此栏还须填写国名,欧盟国家、挪威对此栏没有强制性要求。若进口商国家和最终目的国都是欧盟国家,则可以与最终目的国不同,也可以不填详细地址,只填写"To Order"。

36个给惠国及输入代码为:

305 法国 France	303 英国 United Kingdom
306 爱尔兰 Ireland	304 德国 Germany
302 丹麦 Denmark	307 意大利 Italy
301 比利时 Belgium	309 荷兰 Netherlands
308 卢森堡 Luxembourg	310 希腊 Greece
312 西班牙 Spain	311 葡萄牙 Portugal
315 奥地利 Austria	330 瑞典 Sweden
318 芬兰 Finland	327 波兰 Poland
321 匈牙利 Hungary	350 斯洛文尼亚 Slovenia Rep
352 捷克 Czech Rep	353 斯洛伐克 Slovak Rep
334 爱沙尼亚 Estonia	335 拉脱维亚 Latvia
336 立陶宛 Lithuania	108 塞浦路斯 Cyprus
324 马耳他 Malta	137 土耳其 Turkey
331 瑞士 Switzerland	326 挪威 Norway
116 日本 Japan	601 澳大利亚 Australia
609 新西兰 New Zealand	501 加拿大 Canada
344 俄罗斯 Russia	347 乌克兰 Ukraine
340 白俄罗斯 Byelorussian	341 哈萨克斯坦 Kazakhstan

3. 运输方式及路线

此栏一般应填上装货、到货地点(起运港、目的港)及运输方式(如海运、陆运、空运)。例如:"FROM DONGGUAN TO SHENZHEN BY TRUCK"。

转运商品时应加上转运港。例如:"FROM SHENZHEN TO HONGKONG BY TRUCK,THENCE TRANSHIPPED TO HAMBURG BY SEA"。对于输往内陆给惠国的商品,如瑞士、奥地利,由于这些国家没有海岸,因此如是海运,都须经第三国,再转运至该国,填证时应注明。例如:"BY VESSEL FROM SHENZHEN TO HAMBURG,IN TRANSIT TO SWITZERLAND"。

4. 供官方使用

此栏由签证当局填写,正常情况下此栏空白。特殊情况下,签证当局在此栏加注。例如:

(1)货物已出口,签证日期迟于出货日期,签发"后发证书"时,此栏盖上"ISSUED RETROSPECTIVELY"红色印章。

(2)证书遗失、被盗或者损毁,签发"复本证书"时,此栏盖上"DUPLICATE"红色印章,并注明原证书的编号和签证日期,声明原发证书作废,例如:"THIS CERTIFICATE IS IN REPLACEMENT OF CERTIFICATE OF ORIGIN NO.... DATED... WHICH IS CANCELLED"。

在录入"后发证书"时,要在申请书备注栏注明"申请后发",否则会被退回。

5. 商品顺序号

如果同批出口货物有不同品种,则按不同品种分列"1""2""3"……以此类推。如果同批出口货物只有单项商品,则此栏填"1"。

6. 唛头及包装号

此栏填写的唛头应与货物外包装上的唛头及发票的唛头一致;唛头不得出现中国以外的地区和国家制造的字样;如货物无唛头应填"N/M"。如果唛头过多,此栏填不下,则填写"SEE THE ATTACHMENT",用附页填写所有唛头(附页的纸张要与原证书大小一致),在右上角填写证书号,并由申请单位和签证当局授权签字人分别在附页末页的右下角和左下角手签、盖印。附页手签的笔迹、地点、日期均与原证书一致。

有附页时,要在申请书备注栏注明"唛头见附页",否则会被退回。

7. 包件数量及种类

商品的包件数量必须用英文和阿拉伯数字同时表示,例如:"ONE HUNDRED AND FIFTY(150)CARTONS OF WORKING GLOVES"。

填写包件数量及种类时要注意以下问题:

(1)如果包件数量在1000以上,则千与百之间不能有"AND"连词,否则会被退回。例如:"TWO THOUSAND ONE HUNDRED AND FIFTY(2150)CARTONS OF WORKING GLOVES"。

(2)数量、品名要求在一页内填写,如果内容过长,则可以合并包装箱数,合并品名。例如:"ONE HUNDRED AND FIFTY(150)CARTONS OF GLOVE,SCARF,TIE,CAP"。

(3)必须填写具体的包装种类。如 POLYWOVEN BAG,DRUM,PALLET,WOODEN CASE 等,不能只填写"PACKAGE"。如果没有包装,应填写"NUDE CARGO"(裸装货),"IN BULK"(散装货),"HANGING GARMENTS"(挂装)。

(4)商品名称必须具体填明(具体到能找到相应的 H.S.编码),不能笼统填写"MACHINE"(机器)、"GARMENT"(服装)等。对于一些商品,例如,玩具电扇应注明"TOYS:ELECTRIC FANS",不能只填"ELECTRIC FANS"(电扇)。

(5)商品的商标、牌名(BRAND)及货号(ARTICLE NO.)一般可以不填。商品名称等项列完后,应在下一行加上表示结束的符号,以防止加填伪造内容。国外信用证有时要求填写合同、信用证号码等,可加填在此栏空白处。

8. 原产地标准

(1)完全原产品,不含任何非原产成分,出口到所有给惠国,填写"P"。

(2)含有非原产成分的产品,出口到欧盟国家、挪威、瑞士和日本,填写"W",其后加上出口产品的 H.S.品目号,例如,"W"42.02。条件包括:

①产品列入了上述给惠国的"加工清单"并符合其加工条件。

②产品未列入上述给惠国的"加工清单",但产品生产过程中使用的非原产原材料和零部件经过充分的加工,产品的 H.S.品目号不同于所用的原材料和零部件的 H.S.品目号。

(3)含有非原产成分的产品,出口到加拿大,填写"F"。条件是非原产成分的价值未超过产品出厂价的 40%。

(4)含有非原产成分的产品,出口到俄罗斯、乌克兰、白俄罗斯、哈萨克斯坦、捷克、斯洛伐克六国,填写"Y",其后加上非原产成分价值占该产品离岸价格的百分比,例如,"Y"38%。条件是非原产成分的价值未超过产品离岸价格的 50%。

(5)输往澳大利亚、新西兰的货物,此栏可以留空。

9. 毛重或其他数量

此栏应以商品的正常计量单位填写,如"只""件""双""台""打"等。例如,3200 DOZ.或 6270KGS。以重量计算的商品则填毛重,只有净重的,填净重亦可,但要标上"N.W.(NET WEIGHT)"。

10. 发票号码及日期

此栏不得留空。月份一律用英文(可用缩写)表示,例如,PHK50016 APR.6, 2017。此栏的日期必须按照正式商业发票的要求填写,发票日期不得迟于出货日期。

11. 签证当局的证明

此栏填写签证机构的签证地点、签证日期,例如,SHENZHEN CHINA APR.6, 2017。检验检疫局签证人经审核后在此栏(正本)签名,盖签证印章。

此栏日期不得早于发票日期(第十栏)和申报日期(第十二栏),但应早于货物的出运日期。

12. 出口商的声明

进口国横线上填最终进口国,进口国必须与第三栏目的港的国别一致。

另外,申请单位应授权专人在此栏手签,填写申报地点、日期,并加盖申请单位中、英文印章。手签人笔迹必须在检验检疫局注册登记,并保持相对稳定。此栏日期不得早于发票日期(最早是同日)。盖章时应避免覆盖进口国名称和手签人姓名。本证书一律不得涂改,也不得加盖校对章。

相关知识

一、原产地证明书

(一) 原产地证明书的含义

原产地证明书(Certificate of Origin, C/O)简称产地证,是出口商应进口商的要求而提供的,由公证机构、政府或出口商出具的证明货物原产地和制造地的一种证明文件。

中华人民共和国出口货物原产地证明书是证明有关出口货物是在中国关境内获得或经过加工制造并发生了实质性改变的证明文件。

(二) 原产地证明书的作用

原产地证明书的作用有以下几个:
(1) 原产地证明书是实行差别关税待遇的主要依据。
(2) 原产地证明书是进口国实行国别贸易政策和出口国享受配额待遇的通关凭证。
(3) 原产地证明书是进口国海关进行贸易统计的依据。

(三) 我国原产地证明书的种类

我国原产地证明书包括普通原产地证明书和特殊原产地证明书两种。

1. 普通原产地证明书

(1) 出口商或厂商出具的产地证。
(2) 国家出入境检验检疫机构签发的原产地证明书。
(3) 中国国际贸易促进委员会(中国国际商会)出具的产地证明书。

2. 特殊原产地证明书

(1) 普惠制产地证书。
(2) 纺织品产地证书。

(四) 原产地证明书样本

出口企业应在货物装运前3天向签证机构申请原产地证明书,签证机构审核无误即予签发。申请时应提交:
(1) 一般原产地证明书/加工装配证明书申请书(1份)。
(2) 中华人民共和国原产地证明书申请书(1正3副)。
(3) 商业发票、箱单。
(4) 合同等其他证明文件。

原产地证明书样本如下：

1. Exporter ZHEJIANG JINYUAN IMP. & EXP. CO., LTD. 118 XUEYUAN STREET, HANGZHOU, P. R. CHINA			Certificate No. **CERTIFICATE OF ORIGIN** **OF** **THE PEOPLE'S REPUBLIC OF CHINA**		
2. Consignee SIK TRADING CO., LTD. 16 TOM STREET, DUBAI, U. A. E.					
3. Means of Transport and Route SHIPPED FROM SHANGHAI TO DUBAI, U. A. E. BY SEA			5. For Certifying Authority Use Only		
4. Country/Region of Destination U. A. E.					
6. Marks and Nos.	7. No. and Kind of Packages; Description of Goods	8. H. S. Code	9. Quantity	10. No. and Date of Invoices	
SIK ZJJY1739 L357/ L358 DUBAI, U. A. E. C/NO.: 1-502	FIVE HUNDRED AND TWO(502) CARTONS OF LADIES JACKETS * * * * * * * * * * * * * AS PER L/C NO. FFF17699 L/C DATE: FEB. 25, 2020 NAME OF ISSUING BANK: HSBC BANK PLC, DUBAI, U. A. E	6204320090	4518PCS	JY18018 APR. 11, 2020	
11. Declaration by the Exporter 　The undersigned hereby declares that the above details and statements are correct, that all the goods were produced in China and that they comply with the rules of Certificate of Origin of the People's Republic of China. 　ZHEJIANG JINYUAN IMP. & EXP. CO., LTD. 　　　　　　　张明清 　　　　　　HANGZHOU, APR. 11, 2020 .... Place and date, signature and stamp of certifying authority			12. Certification 　It is hereby certified that the declaration by the exporter is correct. .... Place and date, signature and stamp of certifying authority		

二、普惠制产地证书

(一)普惠制产地证书的含义

普惠制产地证书是根据发达国家给予发展中国家的一种关税优惠制度——普遍优惠制签发的一种优惠性原产地证明书。采用的是格式 A,证书颜色为绿色。在对外贸易中,普惠制产地证书可简称为 FORM A 或 GSP FORM A。

(二)原产地规则

1. 原产地标准

原产地标准是各给惠国分别对原产品概念所下的定义。原产地标准把原产品分为两大类:完全原产产品和含有进口成分的原产产品。

完全原产产品是指全部使用本国产的原材料或零部件,完全由受惠国生产、制造的产品。

含有进口成分的原产产品是指全部或部分使用进口(包括原产地不明)原材料或零部件生产、制造的产品,这些原材料或零部件在受惠国经过充分加工和制作,其性质和特征达到了"实质性改造"。

对于如何判定进口成分是否达到"实质性改造",各给惠国采用的标准不同,通常采用以下几个标准来衡量:

(1)加工标准

加工标准是根据制成品中进口成分的 H.S. 品目号在生产加工过程中是否发生变化来判定是否经过实质性改造的标准。在一般条件下,如果进口成分与制成品品目号不同,即发生了变化,则经过了实质性改造;如果相同,则未经过实质性改造。在此基本原则基础上,一些给惠国还规定了某些附加条件,在这些附加条件满足后,方可认定经过了实质性改造。具体条件可参照有关给惠国制定的《加工清单》。

(2)百分比标准

百分比标准是根据进口成分(或本国成分)占制成品价值的百分比率来判定其是否经过实质性改造的标准。各给惠国采用的百分比各不相同,计算基础也不尽相同。应用时,应具体参照各国制定的标准。

(3)给惠国成分

一些给惠国规定,受惠国从给惠国进口的原材料和零部件经加工和装配后,再出口到给惠国,这些从给惠国进口的原材料和零部件称为给惠国成分,在计算进口成分时,可计为受惠国的本国成分。

(4)原产地累计

原产地累计是指在确定受惠产品原产地资格时,把若干个或所有受惠国(或地区)视为一个统一的经济区域,在这个统一的经济区域内生产加工产品所取得的增值,可以作为受惠国的本国成分加以累计。

原产地累计分全球性累计和区域性累计两种。全球性累计是指在进行原产地累计时,把世界上所有的受惠国(或地区)视为一个整体,产品中所含的任何一个受惠国的原材料和劳务的价值均可视为出口受惠国的本国成分加以累计;区域性累计是指把若干个受惠国(或地区)视为一个统一的经济区域,它们之间的原材料和劳务的价值可以相互累计。

2. 直运规则

直运规则是指受惠国的原产品必须从该受惠国直接运往给惠国,其目的是保证运至给惠国的产品是出口受惠国发运的原产品,避免在途经第三国时可能进行的再加工和被换包。

3. 书面证明

凡受惠国要求享受普惠制待遇的出口商品,均需持有能证明其符合有关给惠国原产地标准的普惠制产地证书和能证明其符合有关给惠国直运规则的证明文件。

(三) 普惠制产地证书样本

出口企业在货物出运前 5 天向当地商检机构申请,经审核无误即予签发普惠制产地证书。申请时应提交的文件包括:

(1) 普惠制产地证书申请书(1 份)。
(2) 普惠制产地证书(1 正 2 副)。
(3) 商业发票、装箱单。
(4) 商品成本明细单(含进口成分的商品)。
(5) 其他所需文件。

享受普惠制待遇,还须符合原产地标准和直运原则。

普惠制产地证书样本如下：

1. Goods Consigned from (Exporter's Business Name and Address, Country)	Reference No. **GENERALIZED SYSTEM OF PREFERENCES** **CERTIFICATE OF ORIGIN** (Combined Declaration and Certificate) **FORM A** Issued in <u>THE PEOPLE'S REPUBLIC OF CHINA</u> (Country) See Notes. Overleaf
2. Goods Consigned to (Consignee's Business Name, Address, Country)	
3. Means of Transport and Route (as far as Known)	4. For Official Use

5. Item No.	6. Marks and Nos. of Packages	7. No. and Kind of Packages; Description of Goods	8. Origin Criterion (See Notes. Overleaf)	9. Gross Weight or Other Quantity	10. No. and Date of Invoices

11. Certification It is hereby certified, on the basis of control carried out, that the declaration by the exporter is correct. .... Place and date, signature and stamp of certifying authority	12. Declaration by the Exporter The undersigned hereby declares that the above details and statements are correct, that all the goods were produced in CHINA (country) and that they comply with the origin requirements specified for those goods in the Generalized System of Preferences for goods exported to _____. (importing country). .... Place and date, signature and stamp of certifying authority

任务4 制作保险单据

案例导入

根据任务3案例导入中的信用证制作保险单据。

1. 货物运输保险投保单

货 物 运 输 保 险 投 保 单
APPLICATION FORM FOR CARGO TRANSPORTATION INSURANCE

发票号 Invoice No.	26YX-CVG029		信用证号 L/C No.	
被保险人 Insured	ZHEJIANG YAXIN TEXTILE DECORATION CO.,LTD.			
标 记 Marks and Nos.	保险货物项目 Description of Goods		发票金额 Invoice Value	保险金额 Insured Amount
	CURTAIN FABRIC WIDTH:150CM		USD4557.49	USD5013.24
运输工具 Conveyance	KOTA KAMIL V. KMI007	AS PER B/L	赔款偿付地点 Loss if any Payable at	ROTTERDAM IN USD
运输路线 Voyage	自 From SHANGHAI	到 To ROTTERDAM	转载地点 Port of Transshipment	
投保险别 Insurance Coverage Required:COVERING ALL POSSIBLE RISKS			投保人(签名盖章) Application's Signature & Stamp	
□ 保险单(Insurance Policy) □ 保险凭证(Insurance Certificate)				
申请保险单正本份数为:3 Issued in 3 Original(s) Only.			投保日期 Date	2020.11.03

2. 保险单

中 保 财 产 保 险 有 限 公 司
The People's Insurance(Property) Co. of China, Ltd.
海 洋 货 物 运 输 保 险 单
MARINE CARGO TRANSPORTATION INSURANCE POLICY

发票号(Invoice No.)　　　　　　　　　　　保险单号次(Policy No.)
被保险人(Insured)

　　中保财产保险有限公司(以下简称本公司)根据被保险人的要求,及其所缴付约定的保险费,按照本保险单承担险别和背面所载条款与下列特别条款承保下列货物运输保险,特签发本保险单。
　　THIS POLICY OF INSURANCE WITNESS THAT THE PEOPLE'S INSURANCE(PROPERTY) CO. OF CHINA,LTD. (HEREINAFTER CALLED"THE COMPANY") AT THE REQUEST OF THE INSURED AND IN CONSIDERATION OF THE AGREED PREMIUM PAID BY THE INSURED, UNDERTAKES TO INSURE THE UNDERMENTIONED GOODS IN TRANSPORTATION SUBJECT TO THE CONDITIONS OF THIS POLICY AS PER THE CLAUSES PRINTED OVERLEAF AND OTHER SPECIAL CLAUSES ATTACHED HEREON.

保险货物项目 Description of Goods	包装及数量 Quantity	保险金额 Amount Insured

承保险别　　　　　　　　　　　　　　　　　货物标记
Conditions: _____　　　　　　　　　　　Marks and Nos. : _____
总保险金额
Total Amount Insured: _____
保费　　　　　　　装载运输工具　　　　　　　　　开航日期
Premium: _____　Per Conveyance: _____　SLG. on or ABT: _____
起运港　　　　　　目的港
From _____　　 to _____

　　所保货物,如发生本保险单项下可能引起索赔的损失或损坏,应立即通知本公司下述代理人查勘。如有索赔,应向本公司提交保险单正本(本保险单共有_____份正本)及有关文件。如一份正本已用于索赔,其余正本则自动失效。
　　IN THE EVENT OF LOSS OR DAMAGE WHICH MAY RESULT IN A CLAIM UNDER THIS POLICY,IMMEDIATE NOTICE MUST BE GIVEN TO THE COMPANY'S AGENT AS MENTIONED HEREUNDER. CLAIMS, IF ANY, ONE OF THE ORIGINAL POLICY WHICH HAS BEEN ISSUED IN _____ ORIGINAL (S) TOGETHER WITH THE RELEVANT DOCUMENTS SHALL BE SURRENDERED TO THE COMPANY, IF ONE OF THE ORIGINAL POLICY HAS BEEN ACCOMPLISHED,THE OTHERS TO BE VOID.

　　　　　　　　　　　　　　　　　　　　　　　　中保财产保险有限公司
　　　　　　　　　　　　　　The People's Insurance(Property) Co. of China, Ltd.

赔款偿付地点
Claim Payable at: _____
日期　　　　　　　在
Date: _____　　 at: _____
地址
Address:

　　　　　　　　　　　　　　　　　　　　　　　　　　　　　签名
　　　　　　　　　　　　　　　　　　　　　　　　　　　　　Signature

案例分析

1. 被保险人(Insured)

被保险人填在保险单上的"at the Request of"后面,被保险人有以下几种填法:

(1) L/C无特殊要求,或要求"Endorsed in Blank",这时一般应填L/C受益人名称,可不填详细地址,且出口公司应在保险单背面背书。例如,"ZHEJIANG JINYUAN IMP. & EXP. CO.,LTD."。

(2) 若来证指定以××公司为被保险人,则应在此栏填"×× CO."。出口公司不用背书。

(3) 若来证规定以某银行为抬头,如"to the Order of ×× Bank",则在此栏先填上受益人名称,再填上"Held to the Order of ×× Bank"。

2. 发票号、合同号和信用证号(Invoice No.,Contract No. and L/C No.)

本栏目要根据商业发票以及合同、信用证信息进行填写。例如:

(1) 发票号(INVOICE NO.):JY18018。

(2) 合同号(CONTRACT NO.):ZJJY1739。

(3) 信用证号(L/C NO.):FFF17699。

3. 商业发票金额和投保加成

本栏目根据商业发票和信用证的要求填写。如果信用证没有规定投保加成比例,则根据《UCP600》规定,应至少在CIF或CIP的基础上加成10%进行投保。

4. 唛头(Marks and Nos.)

保险单上标记应与发票、提单上一致。若来证无特殊规定,一般可简单填写"as Per Invoice No. ××"。

例如,本栏目填写的内容:

    SIK
    ZJJY1739
    DUBAI,U.A.E.
    C/NO.:1—502

5. 包装及数量(Quantity)

货物有包装的填写最大包装件数;裸装货物要注明本身件数;煤炭、石油等散装货物注明净重;有包装但以重量计价的,应把包装重量与计价重量都注上。

6. 保险货物项目(Description of Goods)

保险货物允许用统称,但不同类别的多种货物应注明各自的总称。此栏与海运提单相应栏目的填写一致。例如,"LADIES JACKET"。

7. 保险金额(Amount Insured)和总保险金额(Total Amount Insured)

保险金额可小写,例如,USD307222.00。总保险金额处应填大写累计金额,如"U.S. DOLLARS THREE HUNDRED AND SEVEN THOUSAND TWO HUNDRED AND TWENTY TWO ONLY"。

保险金额填写时应注意以下几点:
(1)保险货币应与信用证一致,大小写金额应该一致。
(2)保险金额的加成百分比应严格按信用证或合同规定填写。如未规定,应按CIF或CIP发票价格的110%投保。
(3)保险金额不能出现小数,出现小数时无论多少都一律向上进位。

8. 装载运输工具(Per Conveyance)

海运方式下填写船名,最好再加航次,如"XIONGXIONG V.999"。如果整个运输由两次完成,应分别填写一程船名及二程船名,中间用"/"隔开。此处可参考海运提单内容填写。例如,提单中一程船名为"Joyce",二程船名为"Peace",则填"Joyce/Peace"。

铁路运输填写运输方式为"By Railway",最好再加车号;航空运输为"By Air";邮包运输为"By Parcel Post"。

9. 开航日期(Slg. on or abt.)

开航日期应按B/L中的签发日期填,还可以简单地填写"AS PER B/L"。

10. 装运港和目的港(From...to...)

例如:"From Ningbo To Rotterdam W/T Hong Kong"。若海运提单目的港为美国长滩,来证规定投保至芝加哥,则应填"From Ningbo to Long Beach and Thence to Chicago"。

11. 承保险别(Conditions)

出口公司在制单时,先在投保单上填写承保险别这一栏的内容,当投保单内容全部填好并交给保险公司审核确认时,才由保险公司把承保险别的详细内容加注在正本保单上。填写承保险别时要注意以下几点:

(1)应严格按照信用证的险别投保。
(2)如果信用证没有具体规定险别,或只规定"Marine Risk, Usual Risk or Transport Risk"等,则可投保最低险别平安险"FPA",或投保一切险"All Risks"、水渍险"WA"或"WPA"、平安险"FPA"中的任何一种,另外还可以加保一种或几种附加险。
(3)如来证要求的险别超出了合同规定,或成交价格为FOB或CFR,但来证由卖方保险,遇到这种情况,如果买方同意支付额外保险费,可按信用证办理。
(4)投保的险别除注明险别名称外,还应注明险别适用的文本和日期。例如:"Covering All Risks and War Risks as Per Ocean Marine Cargo Clauses & Ocean Marine Cargo War Risks Clauses of The People's Insurance Co. of China Dated 1981/01/01"。在实际业务中,可采用缩写,例如,上述条款可写成"...as Per CIC All Risks & War Risks dd 1981-01-01"。填写时,一般只需填写险别的英文缩写,同时注明险别来源,即颁布这些险别的保险公司,例如,"PICC"指中国人民保险公司,"CIC"指中国保险条款,并指明险别生效的时间。例如:"COVERING ALL RISKS OF CIC OF PICC(1/1/1981)INCL. WAREHOUSE TO WAREHOUSE AND I.O.P."。

12. 赔款偿付地点(Claim Payable at)

赔款偿付地点严格按照信用证规定填写;若来证未规定,则应填写目的港。如信用证规定不止一个目的港或赔付地,则应全部照填。

13. 投保日期（Date）

保险手续要求在货物离开出口仓库前办理。投保日期应至少早于提单签发日、发运日或接受监管日。

14. 其他

信用证中关于保险单的特殊要求条款，投保时应在投保单上注明。如"所有单据注明信用证号码、开证日期和开证行名称"，"保险单上显示保险公司在目的地的保险代理名称、地址和联系方式"等。例如：

INSURANCE POLICY MUST SHOWN：
(1)THE NUMBER OF L/C：FFF17699
THE DATE OF L/C：FEB.25,2021
THE NAME OF ISSUING BANK：HSBC BANK PLC,DUBAI,U. A. E.
(2)THE CLAIMING CURRENCY IS THE SAME AS THE CURRENCY OF CREDIT.

15. 签字（Signature）

投保人进行盖章、签字。

相关知识

一、保险单据及种类

保险单据是一份保险合同证明，也是一份赔偿合同。保险单据经过背书后，还可以随货物所有权的转移而进行转让。目前，我国进出口业务中使用的保险单据种类主要有保险单、保险凭证、预约保险单、保险批单。

1. 保险单（Insurance Policy）

保险单又称大保单，是保险人与被保险人之间订立保险合同的一种正式证明。

保险单的正面印制了海上保险所需的基本事项，包括被保险人和保险人名称；保险标的名称、数量、包装；保险金额、保险费率和保险费；运输工具、开航日期、装运港和目的港；承保险别；检验理赔人或代理人名称；赔款偿付地点；合同签订日期等。而保险单的背面则列明了一般保险条款，规定保险人与被保险人的各项权利和义务、保险责任范围、除外责任、责任起讫时间、损失处理、索赔理赔、保险争议处理、时效条款等各项内容。

2. 保险凭证（Insurance Certificate）

保险凭证实质上是一种简化的保险单，保险凭证与保险单具有同等的法律效力，故又称为小保单,用以证明海上货物运输保险合同的有效存在。目前实际业务中已经很少使用。保险凭证正面所列内容与保险单是一致的。但是,其背面是空白的,没有载明保险条款,而是在正面声明以同类保险单所载条款为准。

3. 预约保险单(Open Policy)

预约保险单又称开口保险单,它一般适用于经常有相同类型货物需要陆续装运的情况。这种事先预约的保险单在我国的货物进出口中广泛使用,我国进口货物基本上都采用预约保险单。许多贸易公司与保险公司签订预约保险合约,凡该公司出口或进口的货物均在预约保险的保障范围内。

4. 保险批单(Endorsement)

保险批单是保险公司在出立保险单后,根据投保人的需求,对保险内容进行补充或变更而出具的一种凭证。保险批单是保险单的组成部分。

保险单据应按信用证的规定提交。如信用证规定提交保险单,则只能接受保险单;如信用证规定是预约保险项下的保险证明/声明,可用保险单替代。

 保险金额与保险费的计算

保险金额是保险公司承担赔偿责任或给付保险金的最高限额,也是保险公司计算保险费的依据。

保险金额的计算公式为

$$保险金额 = CIF(CIP)价 \times (1 + 投保加成率)$$

保险费的计算公式为

$$保险费 = 保险金额 \times 保险费率$$
$$= CIF(CIP)价 \times (1 + 投保加成率) \times 保险费率$$

 《UCP600》中关于保险单据的规定

(1)《UCP600》第 28 条 a 款规定,保险单据,例如,保险单或预约保险项下的保险证明书或者声明书,必须看似由保险公司或承保人或其代理人或代表出具并签署;代理人或代表的签字必须标明其系代表保险公司或承保人签字。

(2)《UCP600》第 28 条 b 款规定,如果保险单据表明其以多份正本出具,所有正本均须提交。

(3)《UCP600》第 28 条 c 款规定,暂保单将不被接受。

(4)《UCP600》第 28 条 d 款规定,可以接受保险单代替预约保险项下的保险证明书或声明书。

(5)《UCP600》第 28 条 e 款规定,保险单据日期不得晚于发运日期,除非保险单据表明保险责任不迟于发运日生效。

(6)《UCP600》第 28 条 f 款规定,保险单据必须表明投保金额并以与信用证相同的货币表示;信用证对于投保金额为货物价值、发票金额或类似金额的某一比例的要求,将被视为对最低保额的要求;如果信用证对投保金额未做规定,投保金额须至少为货物的 CIF 或 CIP 价格的 110%;如果从单据中不能确定 CIF 或者 CIP 价格,投保金额必须基于要求承付或议付的金额,或者基于发票上显示的货物总值来计算,两者之中取金额较高者;保险单据须标明承包的风险区间至少涵盖从信用证规定的货物监管地或发运地开始到卸货地或最终目的地为止。

(7)《UCP600》第 28 条 g 款规定,信用证应规定所需投保的险别及附加险(如有)。如果信用证使用诸如"通常风险"或"惯常风险"等含义不确切的用语,则无论是否有漏保之风险,保险单据将被照样接受。

(8)《UCP600》第 28 条 h 款规定,当信用证规定投保"一切险"时,如保险单据载有任何"一切险"批注或条款,无论是否有"一切险"标题,均将被接受,其声明任何风险除外。

(9)《UCP600》第 28 条 i 款规定,保险单据可以援引任何除外责任条款。

(10)《UCP600》第 28 条 j 款规定,保险单据可以注明受免赔率或免赔额(减除额)约束。

任务 5　申领商品检验证明书

案例导入

根据所给资料制作出境货物报检单。

1. 信用证

```
MT 700 ISSUE OF A DOCUMENTARY CREDIT
APPLICATION HEADER RJHISARIA
* ALRAJHI BANKING AND INVESTMENT
* CORPORATION
* RIYADH(HEAD OFFICE)
27      SEQUENCE OF TOTAL：         1/1
40A     FORM OF DOC. CREDIT：       IRREVOCABLE
20      DOC. CREDIT NUMBER：        LC123
31C     DATE OF ISSUE：             20201015
31D     DATE/PLACE OF EXPIRY：      20201225 IN CHINA
```

50	APPLICANT:	RED FLOWER TRADING CO.
		P. O. BOX 536, RIYADH 22766, KSA
		TEL:00966-1-46592**
		FAX:00966-1-46592**
59	BENEFICIARY:	NANJING HUIHUANG FOODS CO., LTD.
		YUN MANSION RM3908 NO. 85 FUZI RD., NANJING 210005, CHINA
		TEL:0086-25-47150**
		FAX:0086-25-47111**
32B	AMOUNT:	CURRENCY USD13600,00
39A	PERCENTAGE CREDIT AMOUNT TOLERANCE:10/10	
41D	AVAILABLE WITH/BY:	ANY BANK IN CHINA BY NEGOTIATION
42C	DRAFTS AT:	30 DAYS AFTER B/L DATE
42D	DRAWEE:	RJHISARI
		* ALRAJHI BANKING AND INVESTMENT
		* CORPORATION
		* RIYADH(HEAD OFFICE)
43P	PARTIAL SHIPMENTS:	NOT ALLOWED
43T	TRANSSHIPMENT:	NOT ALLOWED
44A	PORT OF LOADING/AIRPORT OF DEPARTURE:	
		CHINA MAIN PORT, CHINA
44B	PORT OF DISCHARGE:	DAMMAM PORT, SAUDI ARABIA
44C	LATEST DATE OF SHIPMENT:	20201215
45A	DESCRIPTION OF GOODS:	ABOUT 1700 CARTONS CANNED MUSHROOM PIECES & STEMS 24 TINS×220 GRAMS NET WEIGHT(G. W. 420 GRAMS) AT USD8,00 PER CARTON, ROSE BRAND, CIF DAMMAM PORT, AS PER S/C NO. UY90, DATED SEP. 19, 2020.
46A	DOCUMENTS REQUIRED:	-SIGNED COMMERCIAL INVOICE MANUALLY IN TRIPLICATE AND MUST SHOW BREAK DOWN OF THE AMOUNT AS FOLLOWS: FOB VALUE, FREIGHT CHARGES, PREMIUM AND TOTAL AMOUNT CIF.
		-FULL SET CLEAN ON BOARD BILL OF LADING MADE OUT TO THE ORDER OF ALRAJHI BANKING AND INVESTMENT CORP. MARKED "FREIGHT PREPAID" AND NOTIFY APPLICANT, INDICATING THE FULL NAME, ADDRESS AND TEL NO. OF THE CARRYING VESSEL'S AGENT AT THE PORT OF DISCHARGE.
		-PACKING LIST IN ONE ORIGINAL PLUS 5 COPIES, ALL OF WHICH MUST BE MANUALLY SIGNED.

		-INSPECTION (HEALTH) CERTIFICATE FROM C.I.Q. (ENTRY-EXIT INSPECTION AND QUARANTINE OF THE PEOOPLES REP. OF CHINA) STATING GOODS ARE FIT FOR HUMAN BEING.

-INSPECTION (HEALTH) CERTIFICATE FROM C.I.Q. (ENTRY-EXIT INSPECTION AND QUARANTINE OF THE PEOOPLES REP. OF CHINA) STATING GOODS ARE FIT FOR HUMAN BEING.

-CERTIFICATE OF ORIGIN DULY CERTIFIED BY C.C.P.I.T., STATING THE NAME OF THE MANUFACTURERS OR PRODUCERS AND THAT GOODS EXPORTED ARE WHOLLY OF CHINESE ORIGIN.

-THE PRODUCTION DATE OF THE GOODS NOT TO BE EARLIER THAN HALF MONTH AT TIME OF SHIPMENT. BENEFICIARY MUST CERTIFY THE SAME.

47A ADDITIONAL CONDITIONS: -A DISCREPANCY FEE OF USD50,00 WILL BE IMPOSED ON EACH SET OF DOCUMENTS PRESENTED FOR NEGOTIATION UNDER THIS L/C WITH DISCREPANCY. THE FEE WILL BE DEDUCTED FROM THE BILL AMOUNT.

71B CHARGES: ALL CHARGES OUTSIDE KSA ON BENEFICIARIE'S ACCOUNT INCLUDING REIMBURSING COMMISSION, DISCREPANCY FEE (IF MT 700 ISSUE OF A DOCUMENTARY CREDIT ANY) AND COURIER CHARGES.

48 PERIOD FOR PRESENTATION: WITHIN 10 DAYS AFTER THE DATE OF SHIPMENT, BUT WITHIN THE VALIDITY OF THIS CREDIT.

49 CONFIRMATION INSTRUCTIONS: WITHOUT

53D REIMBURSEMENT BANK: ALRAJHI BANKING AND INVESTMENT CORP. RIYADH (HEAD OFFICE).

78 INSTRUCTIONS TO PAYING BANK: DOCUMENTS TO BE DESPATCHED IN ONE LOT BY COURIER. ALL CORRESPONDENCE TO BE SENT TO ALRAJHI BANKING AND INVESTMENT CORPORATION RIYADH (HEAD OFFICE).

72 SENDER TO RECEIVER INFORMATION:
REIMBURSEMENT IS SUBJECT TO ICC URR 525.

2. 商业发票

NANJING HUIHUANG FOODS CO., LTD.

YUN MANSION RM3908 NO. 85 FUZI RD., NANJING 210005, CHINA

Tel:0086-25-47150** FAX:0086-25-47111**

COMMERCIAL INVOICE

To: RED FLOWER TRADING CO.　　　　　Invoice No.: 2020NHT098

P.O. BOX 536, RIYADH 22766, KSA　　　　Invoice Date: NOV. 26, 2020

Tel:00966-1-46592** FAX:00966-1-46592**　　S/C No.: UY90

　　　　　　　　　　　　　　　　　　　　　S/C Date: SEP. 19, 2020

From: SHANGHAI, CHINA　　　　　　　　　To: DAMMAM PORT, SAUDI ARABIA

Marks and Nos.	Description of Goods	Quantity	Unit Price	Amount
RFT RIYADH C/NO.:1-1750	CANNED MUSHROOM PIECES & STEMS 24 TINS × 220 GRAMS ROSE BRAND	1750CTNS	CIF DAMMAM PORT USD 8.00/CTN	USD14000.00
	TOTAL	1750CTNS		USD14000.00

TOTAL: SAY U.S. DOLLARS FOURTEEN THOUSAND ONLY.

FOB VALUE: USD12920.00

FREIGHT CHARGES: USD1000.00

　　　　　　　　　　　　　　　NANJING HUIHUANG FOODS CO., LTD.

　　　　　　　　　　　　　　　　　　　张三

3. 其他信息

南京辉煌食品有限公司的登记号为32010038**，属私营有限责任公司。
外贸单证员的工作任务包括：
(1)制作出境货物报检单。
(2)办理报检手续。

4. 出境货物报检单

中华人民共和国出入境检验检疫
出境货物报检单

报检单位(加盖公章)				*编号				
报检单位登记号		联系人		电话		报检日期	年 月 日	

发货人	(中文)	
	(外文)	
收货人	(中文)	
	(外文)	

货物名称(中/外文)	H.S.编码	产地	数/重量	货物总值	包装种类及数量

运输工具名称号码		贸易方式		货物存放地点	
合同号		信用证号		用途	
发货日期		输往国家(地区)		许可证/审批号	
启运地		到达口岸		生产单位注册号	
集装箱规格、数量及号码					

合同、信用证订立的检验检疫条款或特殊要求	标记及号码	随附单据(画"√"或补填)	
		□ 合同	□ 包装性能结果单
		□ 信用证	□ 许可/审批文件
		□ 发票	□
		□ 换证凭单	□
		□ 装箱单	□
		□ 厂检单	

需要证单名称(画"√"或补填)			*检验检疫费	
□ 品质证书　正__副__	□ 植物检疫证书　正__副__		总金额(人民币元)	
□ 重量证书　正__副__	□ 熏蒸/消毒证书　正__副__			
□ 数量证书　正__副__	□ 出境货物换证凭单　正__副__			
□ 兽医卫生证书　正__副__	□		计费人	
□ 健康证书　正__副__	□			
□ 卫生证书　正__副__	□		收费人	
□ 动物卫生证书　正__副__	□			

报检人郑重声明:	领取证单
1.本人被授权报检。	日期
2.上列填写内容正确属实,货物无伪造或冒用他人的厂名、标志、认证标志,并承担货物质量责任。	
签名:_____	签名

注:有"*"号栏由出入境检验检疫机关填写　　◆国家出入境检验检疫局制[1-2(2000.1.1)]

案例分析

一批(一个品种或一份提单)出口货物填写一份报检单,内容应完整,无内容时用"/"表示,不得涂改。

1. 报检单位登记号

报检单位登记号是在检验检疫机构的备案登记号,共10位,例如,1401000090,1401600007。

2. 编号

报检单位向检验检疫机构申报一批货物,检验检疫机构接受货物后会生成正式编号,共15位,例如,140100206000323。应注意,在电子申报方式下,企业可能会收到一个后面带"E"的编号,这是一个临时编号,不能填在报检单上,必须填正式编号。

3. 报检单位

报检单位指向检验检疫机构申报检验、检疫、鉴定业务的单位。报检单位应加盖公章。经允许,可以使用"报检专用章"。

4. 发货人

发货人要根据不同的情况填写,预验报检时,可以填写生产单位,出口(一般)报检时,应填写外贸合同中的卖方或信用证受益人。

5. 收货人

收货人指外贸合同中的买方。根据情况,也可以不填,用"***"封掉。

6. 货物名称

货物名称栏填写货物的具体名称。

7. H.S.编码

H.S.编码栏按海关商品分类目录填写。

8. 产地

产地指货物的实际生产地。

9. 数/重量

此栏根据所申报货物的实际数/重量填写。一般以货物的净重作为申报重量。若合同或信用证提出以毛重计净重时,可填写毛重。

10. 货物总值

此栏按本批货物合同或信用证所列的总值填写(以美元计)。如果是大合同项下分批发运,可按本批商业发票所列的总值填写(如申报货物总值与国内、国际市场价格有较大差异,检验检疫机构保留核价权利)。

11. 包装种类及数量

包装种类及数量指运输包装的种类和数量。应注明包装的材质,如木质包装。

12. 贸易方式

货物的实际贸易方式包括:一般贸易、三来一补、边境贸易、进料加工、其他贸易、互市贸易。

13. 货物存放地点

货物存放地点指本批货物的存放地点。

14. 合同号/信用证号

合同号/信用证号指本批货物所对应的合同和信用证的编号。

15. 用途

此栏填写本批货物的用途,如种用、食用、观赏或演艺、实验、药用、饲用、加工等。

16. 发货日期

发货日期指出口装运日期,预验报检时可不填。

17. 输往国家(地区)

输往国家(地区)指贸易合同中买方(进口方)所在国家或地区,或合同注明的最终输往国家或地区。

18. 许可证/审批号

对已实施许可制度/审批制度管理的货物,报检时填写质量许可证编号或审批编号。

19. 启运地

启运地指装运本批货物离境的运输工具的启运口岸/地区城市。

20. 到达口岸

到达口岸指运输工具最终抵达目的地停靠口岸的名称。在填写此栏时,须填写具体口岸名称,如长滩。若不知道或在合同、箱单和发票上找不到具体口岸,可填写国家名称。若知道口岸英文名称而不会翻译,可直接填写口岸的英文名称。若在电子申报的企业端软件上加不到到达口岸的英文名称,可手工填写,然后签名确认。

21. 生产单位注册号

生产单位注册号指生产/加工本批货物的单位在检验检疫机构的卫生注册登记编号。

22. 集装箱规格、数量及号码

进口货物由集装箱装载运抵目的地,或出口货物由集装箱装载离厂的,需在此栏填写集装箱规格、数量及号码。

23. 合同、信用证订立的检验检疫条款或特殊要求

此栏填写贸易合同或信用证中贸易双方对本批货物特别订立的质量、卫生等条款和报检单位对本批货物检验检疫的特别要求。

24. 随附单据

按实际情况,勾选对应的单据(若选项里没有的还可补加或补填,包括两个"声明"和报检委托书也需补上)。

25. 需要证单名称

根据实际情况,勾选需要由检验检疫机构出具的证单,并注明所需证单的正、副本数量(涉及计费,需填写准确)。

26. 报检人郑重申明

报检人必须亲笔签名。

27. 领取证单

由领证人填写实际领证日期并签名。

相关知识

一、商品检验检疫证书的含义及其作用

商品检验检疫证书（Inspection Certificate），简称商检证书，是由政府或公证机构对进出口商品进行检验检疫或鉴定后，根据不同的检验结果或鉴定项目出具并签署的，证明货物在品质、数量、重量或卫生等方面符合特定标准的书面凭证。

商检证书的作用主要有以下几个：

(1)商检证书是证明卖方交货的品质、数量、重量、包装等符合合同规定的依据。

(2)当信用证要求提供商检证书时，它是出口商凭以交单结汇和银行凭以议付或付款的结汇单据之一。

(3)凡属国家规定需要法定检验的进出口商品，商检证书是海关接受进出口申报的依据。

二、出境货物检验检疫工作程序及要求

出境货物检验检疫工作的程序是：先检验检疫，后放行通关。

如果货物产地和报关地一致，经检验合格，检验检疫机构出具"出境货物通关单"；如果货物产地和报关地不一致，经检验合格，检验检疫机构出具"出境货物换证凭单"，出口商至报关地检验检疫机构换发"出境货物通关单"。

出境货物的报检应预先约定，并提供必要的工作条件，由持证的报检员专门负责。

三、报检范围

列入《种类表》的商品以及国家规定必须进行检验的物品，如食品、动物、危险品及其容器、船舱、集装箱等，要进行法定检验；不属法定检验的范围，但合同规定要检验的商品，进行鉴定业务。申领原产地证书的商品，必须报检。

检验机构有以下几种：

(1)官方机构——CIQ。

(2)民间机构——CCIC。

(3)合资企业——SGS-CSTC。

四、出口商品报检时限和地点

（一）报检时限

出口商品最迟应在出口报关或装运前7天报检，若检验检疫周期较长，还应提前。

一般商品应在证单签发之日起 2 个月内,鲜活类商品应在 2 周内装运出口,超过此期限则需重新报检。

(二)报检地点

出口商品要在商品生产地的出入境检验检疫机构报检,不宜在产地实施检验的,出境前向出口口岸检验检疫机构报检。

五、报检时应提供的单证

报检时除需提交出境货物报检单外,还应提供合同(销售确认书或订单等)、信用证、发票及装箱单等必备单证。

六、商检证书的种类

商检证书的种类很多,主要有:
(1)品质检验证书(Inspection Certificate of Quality)。
(2)重量或数量检验证书(Inspection Certificate of Weight or Quantity)。
(3)兽医检验证书(Veterinary Inspection of Certificate)。
(4)卫生/健康证书(Sanitary/Health Inspection Certificate)。
(5)消毒检验证书(Disinfection Inspection Certificate)。
(6)熏蒸证书(Inspection Certificate of Fumigation)。
(7)船舱检验证书(Inspection Certificate on Tank/Hold)。

七、商检证书的内容

各类检验证书虽然需要证明的内容不同,但包含的项目基本相近,一般应包括证书编号、发货人、收货人、货物名称、唛头、包装情况、产地、运输工具、报验数量、检验日期、检验结果等。

技能训练

根据任务 5 中的合同、修改的信用证和制单资料填写商业发票。

制单资料:
(1)发票号:AD2020011
(2)发票日期:2020 年 7 月 5 日
(3)贸易方式:一般贸易

商 业 发 票
Commercial Invoice

1. Issuer		4. 发票日期和发票号 Invoice Date and No.	
		5. 合同号 Contract No.	6. 信用证号 L/C No.
2. To		7. 原产地国 Country/Region of Origin	
		8. 贸易方式 Trade Mode	
3. 运输事项 Transport Details		9. 交货和付款条款 Terms of Delivery and Payment	
10. 运输标志和集装箱号码 Shipping Marks; Container No.	11. 包装类型及件数;商品编码;商品描述 No. and Kind of Packages; Commodity No. ; Commodity Description Total：	12. 数量 Quantity	13. 单价 Unit Price	14. 金额 Amount
15. 总值(用数字和文字表示)Total Amount(in Figure and Word)				
	16. 出口商签章 Exporter Stamp and Signature			

项目 7
信用证项下单据的审核

【知识目标】
掌握外贸单证审核的工作流程。
【能力目标】
1. 能够按照 L/C 指示或合同条款交单。
2. 能够检查收回单据的准确性、完整性和一致性。

任务 1　审核单据

案例导入

某地国际贸易发展公司在2020年间与马卡尔贸易有限公司成交一笔出口芸豆贸易。信用证有关部分条款规定:"600 T of Kidney Beans. Partial shipments are allowed in two lots. 400 T to Antwerp not later than May 31, 2020. 200 T to Brussels not later than Jun. 30, 2020"(600吨芸豆,允许分批装运,分两批,400吨于2020年5月31日前运至安特卫普,200吨于2020年6月30日前运至布鲁塞尔)。

国际贸易发展公司有关人员经审查信用证条款,未发现什么问题,即与有关船方代理联系租船,根据2020年5月末前的船期和船舱情况,去安特卫普港的舱位不够,400吨芸豆必须分两条船装。国际贸易发展公司有关运输人员向有关业务员提出,运往安特卫普的400吨芸豆是否可以分两条船装,信用证是否允许分批装运。业务员经核对信用证,认为没有问题,因为信用证允许分批装运。因此,国际贸易发展公司于2020年5月18日在A轮装200吨芸豆运至安特卫普港,2020年5月19日在B轮装200吨芸豆运至安特卫普港。

装运完毕,国际贸易发展公司于2020年5月20日即备齐信用证项下的所有单据向议付行办理议付。但议付行经审核单据提出以下异议:信用证规定"partial shipments are allowed in two lots",意即要求分两批装运,400吨到安特卫普一批;200吨到布鲁塞尔一批。国际贸易发展公司第一批只装200吨至安特卫普,第二批又装200吨至安特卫普,所以不符合信用证要求。

国际贸易发展公司对该条款的理解与议付行不一致,国际贸易发展公司认为条款"partial shipments are allowed in two lots"中的"in two lots"是指400吨到安特卫普和200吨到布鲁塞尔的两批,"partial shipments are allowed"是指在400吨到安特卫普一批中或在200吨到布鲁塞尔一批中还允许再分批。所以运至安特卫普港的货可分为两批装。

议付行仍不赞同国际贸易发展公司的这种理解,不同意议付。最后双方决定由国际贸易发展公司向议付行提供担保函件,如开证行有异议,由国际贸易发展公司负责,议付行对开证行仍照常寄单而不表明不符点的情况(对内提不符点,对外不提)。

单到国外,开证行于2020年5月29日提出:

"第××号信用证项下的单据收到,经审核发现不符点,我信用证规定只分两批装运,400吨至安特卫普,200吨至布鲁塞尔。你于2020年5月18日只装200吨至安特卫普,2020年5月19日又装200吨至安特卫普。如此说来,你方起码要装三批以上,所以违背了我信用证规定。我行经研究,无法接受单据,请告之你方对单据处理的意见。"

国际贸易发展公司仍以自己对信用证条款的理解向开证行抗辩:

"你2020年5月29日电悉。对于第××号信用证项下第××号单证不符事,我们认为单证完全相符。你信用证原条款是这样规定的:'partial shipments are allowed in two lots',其意思就是在两批之中(in two lots)允许分批装运(partial shipments are allowed),所以在至安特卫普的400吨之中我又分批装,完全符合信用证要求。你们所谓'不符点'是不存在的,你行应接受单据按时付款。"

国际贸易发展公司发出上述反驳意见后,2020年6月3日又接到开证行的复电:

"你2020年5月31日电悉。对于第××号信用证项下你方不符点事,我们信用证原文规定:'Partial shipments are allowed in two lots. 400 T to Antwerp not later than May 31, 2020. 200 T to Brussels not later than Jun. 30, 2020'。该条款意思很明确:'允许分批装运(partial shipments are allowed)'已被'两批装运(in two lots)'所限制,即分400吨至安特卫普,200吨至布鲁塞尔。每批之中不能再分批。你方认为每批之中还可以再分批,完全是对原条款的误解。所以其不符点是明显存在的,我行经与申请人联系亦不同意接受单据,速复对单据处理的意见。"

开证行这样坚持所提的意见,国际贸易发展公司有关人员又对信用证条款做进一步的探讨,才发觉以前是误解信用证条款。只好又向买方马卡尔贸易有限公司商洽,最后以降价为条件而结案。

案例分析

假设本案例的信用证条款是这样规定的："Shipment in two lots：400 T to Antwerp not later than May 31, 2020. 200 T to Brussels not later than Jun. 30, 2020"。另外，在其他条款中又规定："Partial shipments are allowed"。则可以考虑在每批之中再分批。因为条款虽然规定 400 吨和 200 吨两批，但另有条款规定允许分批装运，意即 400 吨和 200 吨两批之中允许分批装运。本案例信用证条款却规定："Partial shipments are allowed in two lots"。因为"allowed"一词被"in two lots"所修饰和限制，即"允许"（allowed）被"分两批"（in two lots）所限制，也就是说，其所"允许"的条件是"分两批"。

本案例的国际贸易发展公司对该条款没有正确理解，与上述举例类似条款所混淆，误认为每批之中还可以分批。议付行在议付时就提出异议，国际贸易发展公司没有重视，进行研究，却仍然固执坚持自己的看法。议付行不接受，双方各执己见，所以才商定采取国际贸易发展公司向议付行提供担保，而要求议付行仍照常向开证行寄单，不说明有不符点的情况，开证行如有异议由受益人负责。单寄到国外，开证行于2020 年 5 月 29 日也提出该不符点，国际贸易发展公司却仍然以自己的误解进行抗辩。2020 年 6 月 3 日，开证行再次在电文中对该条款做了进一步的解释，国际贸易发展公司这时才组织有关人员对信用证该条款进行了探讨，发现自己以前的理解是错误的。所以在国际贸易中审证是一项非常重要而又细致的工作，需要对信用证条款有一定理解能力的人员担任这项工作，才能对企业起到把关的作用。

出口业务程序从成交签订合同到备货、审证、租船订舱、报关、报验、保险直至装运，任何一个环节出现问题，最后均在单证工作上暴露出来，造成单证不符，被对方拒付货款或拒收货物。本案例的分批装运问题，虽然当时有船舱不足的原因，但审证人员认为可以再分批，误解信用证条款，违背信用证规定而造成事故产生。

相关知识

一、审单原则

在信用证结算方式下，外贸单证员审单的原则是单货一致、单证一致、单单一致；银行审单的原则是单证一致、单单一致。在托收结算方式下，外贸单证员审单的原则是单货一致、单约一致、单单一致；银行审单的原则是审核单据的名称、份数是否与托收申请书一致，并无审核单据内容的义务。在汇款结算方式下，外贸单证员审单的原则是单货一致、单约一致、单单一致。

1. 单证一致

单证一致是指所提交的单据在种类、份数和内容上都要与信用证的要求一致。单证一致具体体现在：
(1) 单据与信用证条款相符。
(2) 单据与《UCP600》《ISBP745》等信用证国际惯例相符。

2. 单单一致

单单一致是指所提交的单据内容之间要一致。审核时，要以发票为中心来审核各单据之间的一致情况。

3. 单约一致

单约一致是指各单据要与合同条款一致。

4. 单货一致

单货一致是指单据要与实际装运货物一致。

 主要单据的审核要点

(一) 汇票的审核要点

(1) 汇票载有正确的信用证参考号码。
(2) 有当前的日期。
(3) 签字人或出票人的名称与受益人的名称一致。
(4) 开致正确的付款人，不能是开证申请人。
(5) 金额大小写一致，并与信用证规定、发票相符。
(6) 汇票的期限是信用证所要求的。
(7) 收款人应是受益人或交单银行。
(8) 如果需要背书，判断是否已被正确地背书。
(9) 是否有限制性背书。
(10) 是否包含信用证要求的条款。
(11) 所开立的汇票金额不能超过信用证可以使用的余额。

(二) 商业发票的审核要点

(1) 除非信用证另有规定，商业发票的出具人与汇票的出票人应相同，在绝大多数情况下为信用证的受益人。
(2) 除非信用证另有规定，抬头为开证申请人。

(3) 不得为"形式发票"或"临时发票"。

(4) 货物描述和信用证的商品描述相符。

(5) 任何附加日期都不能晚于装运日期。

(6) 发票上包括信用证所提及的货物细节、价格条款。

(7) 发票上提供的其他资料,如唛头、号码、运输通知等,与其他单据一致。

(8) 发票上的货币与信用证一致。

(9) 发票金额与汇票金额一致。

(10) 发票金额不超过信用证可使用的余额。如不允许分批装运,发票应包括信用证要求的整批装运金额;如允许分批装运,金额在总、分之间互不矛盾,并与信用证规定、汇票相符。

(11) 按照信用证要求,发票已被签字、公证人证实、合法化、签证。

(12) 关于装运、包装、重量、运费或其他有关的运输费用的资料符合其他单据上所载明的。

(13) 提交的正本及副本张数准确。

(14) 显示的合同号与信用证规定一致。

(15) 注意上下浮动幅度,如信用证的金额、单价、商品数量前有"大约"(About)字样,则有关金额、单价、数量允许有10%的上下浮动幅度;除信用证规定货物的数量不得增减之外,在所支款项不超过信用证金额的条件下,货物的数量准许有5%的上下浮动幅度。但当信用证规定数量以包装单位或个体计数时,此项浮动不适用。

(三) 运输单据的审核要点

(1) 运输单据的种类必须与信用证规定相符。

(2) 运输单据应具备法定条件并由运输公司(如船公司、航空公司等)或其代理人签名。

(3) 除非信用证另有规定,必须提交全套提单。

(4) 收货人和被通知人名称、地址、起运港、目的港、装运日期等,应符合信用证规定。

(5) 除非信用证另有规定,发货人通常为受益人或转让信用证中的受让人,但若是受益人以外的一方作为发货人,也可接受。

(6) 提单上的货物描述应符合信用证所说明的货物描述,货名可以用统称(General Term),唛头、数量、重量、船名、线路等应与信用证相符,并与其他单据一致。

(7) 提单上价格条款或有关运费的记载必须与信用证及其他单据一致。如CIF、CFR,相应的费用记载应为"Freight Prepaid"(运费已预付)或"Freight Paid"(运费已付);FOB,相应的费用记载应为"Freight Collect"(运费到付)或"Freight Payable at Destination"(目的地支付运费)。

(8) 提单抬头若为"To Order of Shipper""To Shipper's Order""To Order",均应做背书。

(9) 备运提单(Received B/L)必须于货物实际装船后,加注"On Board"(已装船)字样及已装船日期。

(10)修改提单时,必须在更正处加盖更正章及船公司或其代理人、船长的小签(Initial Signature,即签上姓氏,也称简签)。

(11)运输单据上没有条款使其瑕疵或不清洁(见《UCP600》第 32 条 a 款)。

(四)保险单的审核要点

(1)应明确保险单的全套正本份数,并且除非信用证另有规定,必须提交全套正本保险单。

(2)保险单据必须由保险公司(Insurance Company)、承保人(Underwriters)及代理人(Agents)开立及签署,除非信用证另有规定,银行不接受由保险经纪人(Broker)签发的暂保单(Cover Note)。

(3)保险单日期必须早于或等于提单日期。

(4)除非信用证另有规定,保险单显示的金额、币种必须与信用证要求一致。

(5)投保的险种必须符合信用证的要求,若信用证使用了含义不明确的条款,如"通常险别"(Usual Risks)或"惯常险别"(Customary Risks),银行应当按照所提示的保险单予以接受。

(6)除非信用证另有规定,银行将接受证明受免赔率(Franchise)或免赔额约束的保险单据。

(7)当信用证规定投保"一切险"时,银行应接受含有任何"一切险"批注或条文的保险单据,不论其有无"一切险"标题。

(8)保险单的船名、航程、装运港、目的港、唛头等应与提单、发票等其他单据一致。

(9)应表明赔付地、在目的地的支付赔款代理人、支付的货币种类,信用证如无此项规定,赔付地点可以选择在进、出口商中的任何一方。

(10)信用证要求提供保险单(Insurance Policy)时,不得以保险凭证(Insurance Certificate)代替,反之则可以。

(11)保险单据的份数完全符合信用证规定的数量。

(五)原产地证明书的审核要点

(1)原产地证明书是独立的单据,不要与其他单据联合起来,必须由信用证指定的机构出具,若信用证无此规定,可以由包括受益人在内的任何人出具。

(2)按照信用证的要求,原产地证明书已被签字、公证人证实、合法化、签证。

(3)内容必须符合信用证的要求,并与其他单据不矛盾,如信用证规定货物为某地生产,则原产地证明书必须表明货物为某地生产。

(4)载明原产地国家,符合信用证的要求。

(5)含有检验意义的原产地证明书的日期不能迟于提单日期;特殊原产地证明书的格式必须符合进口国惯例。

(6)原产地证明书的份数不能少于信用证规定的数量。

（六）装箱单、重量单的审核要点

（1）单据的名称必须和信用证要求相符。

（2）货物的名称、规格、数量及唛头等，必须与其他单据相符，可以互相补充，不可互相矛盾。

（3）数量、重量及尺码的小计必须吻合，并与信用证、提单、发票等单据相符。

（4）提供的单据份数不能少于信用证规定的数量。

任务2　处理单据不符点

案例导入

根据信用证及补充资料进行相关单据的审核，找出不符点。

1. 信用证

FORM OF DOC. CREDIT	*40A：IRREVOCABLE
DOC. CREDIT NUMBER	*20：LC-320-0254771
DATE OF ISSUE	31C：20200922
DATE AND PLACE OF EXPIRY	*31D：20201222 IN CHINA
APPLICANT	*50：MARCONO CO. RM1001, STAR BLOG, TOKYO, JAPAN
BENEFICIARY	*59：QINGDAO(SHANDONG) HUARUI CO. NO. 35 WUYI ROAD QINGDAO, CHINA
AMOUNT	*32B：CURRENCY USD AMOUNT 70000,00
POS./NEG. TOL. (%)	39A：5/5
AVAILABLE WITH/BY	*41D：ANY BANK BY NEGOTIATION
DRAFTS AT...	42C：DRAFTS AT SIGHT FOR FULL INVOICE VALUE
DRAWEE	42A：ROYAL BANK LTD., TOKYO
PARTIAL SHIPMENTS	43P：ALLOWED
TRANSSHIPMENT	43T：NOT ALLOWED
LOADING IN CHARGE	44A：SHIPMENT FROM CHINESE MAIN PORT
FOR TRANSPORTATION TO	44B：OSAKA, JAPAN
LATEST DATE OF SHIP.	44C：20201210
DESCRIP. OF GOODS	45A：

HALF DRIED PRUNE 2010 CROP

GRADE	SPEC		QUANTITY (CASE)	UNIT PRICE (USD/CASE)
A	L：500 CASE	M：500 CASE	1 000	22.00 CFR OSAKA
B	L：1200 CASE	M：1200 CASE	2 400	20.00 CFR OSAKA

PACKING:IN WOODEN CASE,12KGS PER CASE
TRADE TERMS:CFR OSAKA
DOCUMENTS REQUIRED 46A:
-FULL SET OF CLEAN ON BOARD OCEAN BILLS OF LADING MADE OUT TO ORDER OF SHIPPER AND BLANK ENDORSED AND MARKED "FREIGHT PREPAID" AND " NOTIFY MARCONO CO. RM1001, STAR BLDG. TOKYO,JAPAN".
-MANUALLY SIGNED COMMERCIAL INVOICE IN TRIPLICATE(3) INDICATING APPLICANT'S REF. NO. SCLI-98-0474.
-PACKING LIST IN TRIPLICATE(3).
DETAILS OF CHARGES 71B:ALL BANKING CHARGES OUTSIDE JAPAN ARE FOR ACCOUNT OF BENEFICIARY.
PRESENTATION PERIOD 48:DOCUMENTS TO BE PRESENTED WITHIN 15 DAYS AFTER THE DATE OF SHIPMENT,BUT WITHIN THE VALIDITY OF THE CREDIT.

2.补充资料

发票号码:76IN-C001
发票日期:2020年9月8日
提单号码:NSD220055
提单日期:2020年12月5日
船名:FENGLEI V.66026H
装运港:青岛港
集装箱:2×20′FCL CY/CY
　　　TRIU 1764332 SEAL05003
　　　KHLU1766888 SEAL05004
出口商:青岛华瑞贸易公司
出口口岸:青岛海关
合同号:HA1101
SHIPPING MARKS(唛头):
　　　　　　　MQ
　　　　　　　HA1101
　　　　　　　OSAKA
　　　　　　　NOS. 1-3400

净重:12.00KGS/CASE
毛重:14.00KGS/CASE
尺码:20 CM×10 CM×10 CM/CASE

3. 海运提单

Shipper MARCONO CO. RM1001, STAR BLOG, TOKYO, JAPAN		B/L No. NSD220055　　　　ORIGINAL 中国外运上海公司 SINOTRANS SHANGHAI CO. OCEAN BILL OF LADING
Consignee SHANGDONG HUARUI CO. NO. 35 WUYI ROAD QINGDAO, CHINA		SHIPPED on board in apparent good order and condition (unless otherwise indicated) the goods or packages specified herein and to be discharged at the mentioned port of discharge or as near there to as the vessel may safely get and be always afloat. 　THE WEIGHT, measure, marks and numbers, quality, contents and value, being particulars furnished by the Shipper, are not checked by the Carrier on loading. 　THE SHIPPER, Consignee and the Holder of this Bill of Lading hereby expressly accept and agree to all printed, written or stamped provisions, exceptions and conditions of this Bill of Lading, including those on the back hereof. 　IN WITNESS where of the number of original Bill of Lading stated below have been signed, one of which being accomplished, the other(s) to be void.
Notify Party SAME ABOVE		
Pre-carriage by	Port of Loading CHINESE MAIN PORT	
Vessel FENGLEI V. 66026H	Port of Transshipment OSAKA	
Port of Discharge TOKYO	Final Destination	
Container Seal No. or Marks and Nos.	No. and Kind of Packages Description of Goods	Gross Weight (KGS)	Measurement (M^3)
N/M TRIU1764332 SEAL05003 KHLU1766888 SEAL05004	HALF DRIED PRUNE 2010 CROP 2400 CASES SAY TWO THOUSAND FOUR HUNDRED WOODEN CASES ONLY	28800KGS	4.8M^3

Freight and Charges FREIGHT COLLECT		Regarding Transshipment INFORMATION PLEASE CONTACT	
Ex. Rate	Prepaid at	Freight Payable at	Place and Date of Issue DEC. 15, 2020 QINGDAO
	Total Prepaid	No. of Original B(s)/L THREE	Signed for or on Behalf of the Master　　as Agent

4. 商业发票

Commercial Invoice

To: MARCONO CO.
RM1001, STAR BLOG, TOKYO, JAPAN

Invoice No.: 76IN-C001
Date: Sep. 8, 2020
S/C No.: HA1101
L/C No.:

From　　QINGDAO　　　　　　　　　　To　　OSAKA

Marks & Nos.	Description of Goods		Quantity (CASE)	Unit Price (USD/CASE)	Amount
MQ TOKYO NOS. 1—3400 MADE IN CHINA	HALF DRIED PRUNE 2010 CROP GRADE			CIF OSAKA	
	A	M	500	22.00	USD1100.00
		L	500	22.00	USD1100.00
	B	M	1200	20.00	USD2400.00
		L	1200	20.00	USD2400.00
			Total　3400		USD7000.00
Total Amount	SAY U.S. DOLLARS SEVEN THOUSAND ONLY				

Total No. of Packages: 3400 CARTONS

　　　　　　　　　　　　　　　　　　　　　　　QINGDAO HUARUI CO.

案例分析

1. 海运提单缮制错误的地方包括：

(1) Shipper 应为 QINGDAO(SHANDONG) HUARUI CO.
　　　　　　NO. 35 WUYI ROAD QINGDAO,CHINA

(2) Consignee 应为 TO ORDER OF SHIPPER

(3) Notify Party 应为 MARCONO CO.
　　　　　　RM1001,STAR BLOG,TOKYO,JAPAN

(4) Port of Loading 应为 QINGDAO,CHINA

(5) Port of Transshipment 应为空白

(6) Port of Discharge 应为 OSAKA,JAPAN

(7) Container Seal No. or Marks and Nos. 应为
　　　　　　MQ
　　　　　　HA1101
　　　　　　OSAKA
　　　　　　NOS. 1－3400

(8) No. and Kind of Packages,Description of Goods 应补充 2×20′FCL CY/CY；数量应改为 3400 CASES(SAY THREE THOUSAND FOUR HUNDRED WOODEN CASES ONLY)

(9) Gross Weight(KGS) 应为 47600KGS

(10) Measurement(M^3) 应为 6.8M^3

(11) Freight and Charges 应为 FREIGHT PREPAID

(12) Place and Date of Issue 应为 DEC. 5,2020 QINGDAO

(13) Signed for or on Behalf of the Master as Agent 缺少盖章

2. 商业发票缮制错误的地方包括：

(1) L/C NO. 应为：LC-320-0254771

(2) MARKS & NOS. 应改为
　　　　　　MQ
　　　　　　HA1101
　　　　　　OSAKA
　　　　　　NOS. 1－3400

相关知识

一、单据的共同不符点

单据的共同不符点包括：

1. 过效期（L/C Expired）

单据提交时已超过了信用证规定的有效期。

微课：信用证下处理单据不符点

2. 过装期（Late Shipment）

运输单据的装运日期超过了信用证规定的最迟装船期。

3. 过交单期（Late Presentation）

单据提交的日期超过了信用证规定的货物装船后向指定银行提示单据的期限。如果信用证要求使用汇票，则汇票出具日应是单据提示日；如果信用证未要求使用汇票，且无特殊说明，则寄单行的索汇面函日期将被认为是交单日期。

二、汇票的主要不符点

汇票的主要不符点包括：

(1) 非由受益人出具。

(2) 未经签署。

(3) 未经背书或背书不正确。

(4) 未按信用证规定显示"Drawn under"条款。

(5) 金额与发票或信用证不符。

(6) 金额大小写不一致。

(7) 期限显示不正确。

(8) 发票号码、信用证号码等其他需要显示的号码不符。

三、商业发票的主要不符点

商业发票的主要不符点包括:
(1)非由受益人出具。
(2)未经签署(若信用证规定要签署)。
(3)抬头不符,未出给信用证的申请人(信用证规定做成其他人抬头除外)。
(4)货物描述与信用证不一致,单价不符。
(5)超金额或短装。
(6)唛头与信用证或海运提单等其他单据不一致。
(7)未按信用证要求显示特殊内容,如需经过使馆认证而未认证,信用证要求显示扣减或增加附属费用而发票未显示。
(8)其他如开证行名、装运港、目的港与信用证规定或其他单据不一致。

四、海运提单的主要不符点

海运提单的主要不符点包括:
(1)正本提单份数不符。
(2)抬头(Consignee)名称、地址不符。
(3)被通知人名称、地址不符。
(4)货物描述与信用证规定或发票等其他单据不符。
(5)未显示"On Board"。
(6)重量、体积与装箱单等与其他单据不一致。
(7)提交了不清洁提单。
(8)未经背书或背书不正确。
(9)签发人不符,未显示承运人(Carrier)或签发人身份不明。

五、保险单据的主要不符点

保险单据的主要不符点包括:
(1)未提交全套正本保险单据/证明。
(2)被保险人不符。
(3)保险标的金额不符,币种、大小写不符。

(4)保险标的物与发票等其他单据不符。

(5)保险险别不符。

(6)出单日期迟于运输单据日期。

(7)偿付地、币种不符。

(8)未经背书或背书不正确。

技能训练

根据所给相关资料指出下列进口单据中错误的地方。

相关资料：

卖方：MIGUEL PEREZ TRADING CO., LTD.
　　　2811 47TH TER SW NAPLES HAIFA, ISRAEL

买方：TIANJIN ESHOW IMP. & EXP. CO., LTD.
　　　NO. 21 JIANGSU ROAD, HEXI DISTRICT, TIANJIN, CHINA

货物描述：12000PCS OF CANNED MUSHROOM

包装：2000 CARTONS W.G.：21000KGS N.W.：15000KGS MEAS.；31 M^3

唛头：ESHOW
　　　TIANJIN
　　　NOS. 1—2000

收货人抬头：To order

发票号：LBC202001578

发票日期：2020年5月20日

贸易术语：FOB HAIFA

装运期：2020年5月30日

装运港：HAIFA

目的港：TIANJIN

原产地证书签发日期：2020年5月25日

提单号：CKG1358/90

船名、航次：RIWA V. 123

1. 原产地证书

1. Exporter(name, address, country) TIANJIN ESHOW IMP. & EXP. CO., LTD. NO. 21 JIANGSU ROAD, HEXI DISTRICT, TIANJIN, CHINA	2. Original 
3. Consignee(name, address, country) MIGUEL PEREZ TRADING CO., LTD. 2811 47TH TER SW NAPLES HAIFA, ISRAEL	The Manufacturers Association of Israel Industery House 29 Hamered St. Tel. Aviv 68125 P.O.B. 50022 T.A.　　Fax：03－5162026
4. Particulars of Transport(where required) FROM TIANJIN TO HAIFA BY AIR	**CERTIFICATE OF ORIGIN** No. 02 7707

5. Marks and Nos. ESHOW TIANJIN NOS. 1－12000	6. No. and Kind of Packages 12000PCS	7. Description of the Goods CANNED MUSHROOM	8. Gross Weight 15000KGS	9. No. and Date of Invoices 202001578 MAY 30, 2020

10. Certification
　　The Manufactures Association of Israel has examined the manufacturer's/exporter's invoice and declaration concerning the origin of the merchandise and, according to the best of its knowledge and believe, finds that the products listed above are of Israel origin.

The Manufacturers Association of Israel
(Authorised Signature)

Date of Issue　MAY 20, 2020

2. 海运提单

Shipper Insert Name, Address and Phone MIGUEL PEREZ TRADING CO., LTD. 2811 47TH TER SW NAPLES HAIFA, ISRAEL		B/L No. CKG1358/09	
Consignee Insert Name, Address and Phone TIANJIN ESHOW IMP. & EXP. CO., LTD. NO.12 JIANGSU ROAD, HEXI DISTRICT, TIANJIN, CHINA		 **Arrow Maritime Line** ORIGINAL Port-to-port BILL OF LADING	
Notify Party Insert Name, Address and Phone TIANJIN ESHOW IMP. & EXP. CO., LTD. NO.21 JIANGSU ROAD, HEXI DISTRICT, TIANJIN, CHINA			
Ocean Vessel Voy. No. RIWA V.128	Port of Loading TIANJIN	Shipped on board and condition except as other...	
Port of Discharge	HAIFA		

Marks and Nos.	No. of Containers or Packages	Description of Goods	Gross Weight Kgs	Meas.
N/M	12000 CARTONS	CANNED MUSHROOM	20000KGS	30 M^3

Total No. of containers and/or packages (in words)　SAY TWELVE THOUSAND CARTONS ONLY

Ex. Rate	Prepaid at	Payable at HAIFA	Place and Date of Issue TIANJIN MAY 30, 2020
	Total Prepaid	No. of Original B(s)/L THREE	Signed for the Carrier ARROW MARITIME LINE +++

LADEN ON BOARD THE VESSEL

DATE: MAY 30, 2020　　　BY:　ARROW MARITIME LINE +++

项目 8
银行保函和国际保理业务操作

学习目标

【知识目标】
1. 了解银行保函和国际保理的定义。
2. 重点掌握银行保函和国际保理业务的基本业务知识和流程。

【能力目标】
能够依据国际贸易的性质，准确选择和缮制相关银行保函业务；能够进行国际保理业务的操作。

任务 1　银行保函认知与业务操作

案例导入

2018年年初，上海甲船运公司按照运输合同，为新加坡乙公司（租船人）从马来西亚装运一批货物到印度孟买港。收货人为印度丙公司，是新加坡乙公司的母公司。按照运输合同规定，租船人如要求船东在提单未到达印度卸货港前先放货给收货人，收货人应提供200%货价的银行担保。货物到达孟买港之前,收货人向上海甲船运公司出具了由收货人和印度丁银行共同签字盖章的相当于200%货价的银行保函,要求上海甲船运公司出具放货通知。上海甲船运公司据此向收货人签发了放货通知单。

两个月后,上海甲船运公司陆续收到多家货主的函件,称因收货人未在规定时间内赎单提货,提单被退回。他们要求上海甲船运公司归还约14700吨货物或支付约543万美元货款。面对突如其来的情况,上海甲船运公司立即与租船人和收货人联系,要求他们为发生的事情做出解释并尽快将货款付给货主。收货人在答复上海甲船运公司时,肯定了保函是银行出具的,银行没收取任何费用,其要求不要对银行采取法律行动。同时,收货人也承认已经凭放货单提取了货物,只是因为公司没有钱,所以只能答应每月支付5万美元货款。与此同时,上海甲船运公司通过业务银行就银行保函问题向印度丁银行进行了核查,令人惊奇的是,该银行答复没有出具过这份保函。

面对上述情况,上海甲船运公司决定先从弄清保函的出处入手。上海甲船运公司根据保函上所规定的管辖权条款,向伦敦法院起诉印度丁银行。该银行仍称没有签发这份保函,后来伦敦法院根据有关专家鉴定,裁定这份保函上的银行签字及签章都不是真实的。因而,上海甲船运公司得到的所谓银行保函是无效保函,不但得不到赔偿,而且还要承担法院高额的诉讼费及律师费。上海甲船运公司只好依法与货主们一一协商赔偿数额,履行赔偿责任。既然排除了印度丁银行出具保函的责任,那么,收货人就该承担伪造银行保函骗取上海甲船运公司放货单的责任。为此,上海甲船运公司对收货人提起了刑事诉讼。印度警方拘留了收货人公司的两名董事,扣留了他们的护照,印度银行冻结了收货人的存款以及收货人在美国拥有的旅馆等财产。

英国高等法院经过漫长、复杂的诉讼程序,终于在2020年1月在被告缺席的情况下做出裁决:收货人赔偿上海甲船运公司相应货款、银行利息和律师费。

上海甲船运公司胜诉后,代理上海甲船运公司在印度执行英国高等法院判决的印度律师对收货人情况进行了调查。调查结果发现该公司已陷入财务困难,大部分资产已经抵押给银行或其他担保债权人,净资产完全耗尽,正在申请重组或托管。同时,该收货人还面临着众多债权人的诉讼。因此,上海甲船运公司虽然胜诉,却因收货人公司的资不抵债尚未得到任何赔偿,给公司造成极大的损失。

案例分析

银行保函是银行根据申请人的请求向受益人开立的,担保在申请人未能按双方协议履行其责任或义务时,担保行代其履行一定金额、一定期限范围内的某种支付责任或经济赔偿责任。因此,对于受益人来说,担保行的资信极其重要,直接影响到受益人能否得到相应的保障。虽然在本案例中,受益人上海甲船运公司从收货人处取得的是一份伪造保函,保函中列示的印度丁银行根本没有签发该份保函,自然不会承担担保责任。在收货人提取货物却又未能按约付款赎单的情况下,只能找收货人理论。尽管法院判决上海甲船运公司胜诉,但是执行判决时却发现收货人已陷入财务困难,大部分资产已经抵押给银行或其他担保债权人,净资产完全耗尽,正在申请重组或托管。同时,该收货人还面临着众多债权人的诉讼。也就是说,上海甲船运公司并未能得到相应的赔偿。但是这份提货保函确实为收货人的提货提供了方便,如果能认真审核保函的真伪,上海甲船运公司的偿付也会有所保证。

1. 保函是保障受益人合法权益的工具,保函本身的真实性、有效性直接影响到受益人的权益。因此受益人在接受保函时,务必对保函签章的真实性、担保期限、担保责任、索偿条件和办法进行仔细审核。

2. 保函的申请人是保函重要的当事人,受益人在接受保函时必须了解申请人的商业信誉和财务状况等。万一保函出现问题,受益人可以根据基础合同关系向申请人要求相应的权利。

相关知识

一、银行保函的定义及特点

随着经济全球化的发展,交易种类的增多,交易金额的增大,信用证作为一种仅适用于货物贸易的结算方式已经不能满足国际贸易发展对结算的需求。银行保函(Letter of Guarantee)因其使用灵活便利,是继信用证之后迅速发展起来的新型信用结算方式,广泛应用于国际项目融资、工程承包、国际招(投)标、国际租赁、劳务输出、赊购赊销等领域。银行保函业务主要可以在国际商务活动中提供银行信用,以消除受益人对申请人是否具有履行某种合同义务的能力的疑虑,从而促使交易顺利进行。

银行保函又称"银行保证书",是由银行开立的承担付款责任的一种担保凭证,银行根据保函的规定承担绝对付款责任。银行保函大多属于"见索即付"(无条件保函),是不可撤销的文件。银行保函的当事人有委托人(要求银行开立保证书的一方)、受益人(收到保证书并凭以向银行索偿的一方)、担保人(保函的开立人)。其主要内容根据《见索即付保函统一规则》的规定：

(1)有关当事人(名称与地址)。
(2)开立保函的依据。
(3)担保金额和金额递减条款。
(4)要求付款的条件。

 银行保函的种类

银行保函实际上是作为合同价款和费用的支付保证；是作为合同违约时对受害方进行补偿的工具或对违约方进行惩罚的手段。根据保函在基础合同中所起的不同作用和担保人承担的不同担保职责，银行保函可以具体分为以下几种：

1. 借款保函(Loan Guarantee)

借款保函指银行应借款人要求向贷款行所做出的一种旨在保证借款人按照借款合约的规定按期向贷款方归还所借款项本息的付款保证承诺。

2. 融资租赁保函(Leasing Guarantee)

融资租赁保函指承租人根据租赁协议的规定，请求银行向出租人所出具的一种旨在保证承租人按期向出租人支付租金的付款保证承诺。

3. 补偿贸易保函(Compensation Guarantee)

补偿贸易保函指在补偿贸易合同项下，银行应设备或技术的引进方申请，向设备或技术的提供方所做出的一种旨在保证引进方在引进后的一定时期内，以其所生产的产成品或以产成品外销所得款项，来抵偿所引进之设备和技术的价款及利息的保证承诺。

4. 投标保函(Tender Guarantee)

投标保函指银行应投标人申请向招标人做出的保证承诺，保证在投标人报价的有效期内投标人将遵守其诺言，不撤标、不改标，不更改原报价条件，并且在其一旦中标后，将按照招标文件的规定在一定时间内与招标人签订合同。

5. 履约保函(Performance Guarantee)

履约保函指银行应供货方或劳务承包方的请求而向买方或业主方做出的一种履约保证承诺。

6. 预付款保函(Advance Payment Guarantee)

预付款保函又称还款保函或定金保函，指银行应供货方或劳务承包方申请向买方或业主方保证，如申请人未能履约或未能全部按合同规定使用预付款时，则银行负责返还保函规定金额的预付款。

7. 付款保函(Payment Guarantee)

付款保函指银行应买方或业主申请,向卖方或承包方所出具的一种旨在保证贷款支付或承包工程进度款支付的付款保证承诺。

其他的保函品种还有以下几种:
来件加工保函(Processing Incoming Letter of Guarantee)
质量保函(Warranty Guarantee)
预留金保函(Retention Money Guarantee)
延期付款保函(Deferred Payment Guarantee)
费用保付保函(Expense Guarantee)
提货保函(Shipping Guarantee)
保释金保函(Bail Guarantee)

三、银行保函当事人

1. 申请人(Applicant)

申请人又称委托人,是向银行提出申请,要求银行出具保函的一方当事人。他是与受益人签订货物买卖、劳务合作、资金借贷、租赁、加工或其他商务合同的当事人。

2. 受益人(Beneficiary)

受益人是接受保函,并有权按保函规定出具索款通知或连同其他单据,向担保行索取款项的人;受益人的职责是履行其在合同中的责任和义务,并在保函规定的索赔条件具备时,凭保函索赔。

3. 担保人(Guarantor)

担保人又称保证人,是接受了申请人委托向受益人出具保函的银行。
此外,根据不同的业务情况,还可能涉及其他当事人:
通知行(Advising Bank)
转递行(Transmitting Bank)
转开行(Reissuing Bank)
保兑行(Confirming Bank)
反担保人(Counter Guarantor)

四、国际结算业务操作:银行保函的开立

广东蓝天工艺有限公司(Guangdong Lantian Arts and Crafts Co.,Ltd,Guangzhou)从美国纽约马里亚有限公司(Marya Trading Co.,Ltd.,New York,USA)进口价值为USD77495.79的工艺品加工设备一套,合同规定的价格条件为CIF GUANG ZHOU,付

款条件为远期承兑交单(D/A at 30 days)。

由于贸易采用的结算方式为远期承兑交单托收方式,美国纽约马里亚有限公司担心到期可能无法及时足额收回货款。为消除客户的担心,广东蓝天工艺有限公司于是向中国银行广东分行申请,向美国纽约马里亚有限公司出具以中国银行为担保行的银行付款保函。

(一)业务基本流程

在申请人和受益人签订基础合同的前提下,银行会应申请人的要求开出保函。银行开立保函的流程基本相同,但是根据具体开立方式的不同涉及的当事人略有不同,如图8-1所示。

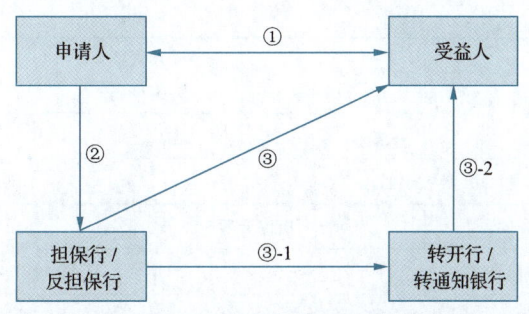

微课:银行保函业务操作　　　　　图8-1　银行保函业务流程

1. 直接开给受益人

担保行应申请人的要求直接将保函开给受益人,中间不经过其他当事人环节。当事人之间形成的是直接三方结构,这是最简单、最直接的方式。

2. 通过通知行通知

担保行应申请人的申请开出保函后交由通知行/转递行通知受益人。当事人之间形成的是间接三方结构。这种方式较为普遍,而且还消除了受益人对伪造保函的担心。

3. 通过转开行转开

说明:流程图中的③、③-1、③-2是指保函开立的三种方式。
①申请人和受益人签订基础合同。
②申请人向银行(担保行)提交书面申请,申请开立保函。
③担保行接受申请,直接向受益人开出保函。
③-1 指若客户要求担保行委托其他银行转开保函,担保行将按照客户要求开出反担保给被委托银行,被委托银行凭反担保转开保函给受益人或担保行开出保函交被委托银行。
③-2 是指经过③-1后,被委托银行将保函通知受益人。

(二)业务操作程序

1. 客户申请开立保函

申请人申请并填写保函开立申请书,并提交有关资料:授权人签样或盖印章及授权书;工商营业执照;贸易合同;进出口许可证;企业财务报表;其他相关资料。

××银行广东省分行( )支行
保函开立申请书

年 月 日　　　　　　　　　　　　　　　　　　　　编号:

申请企业名称	中文:		法人营业执照号码		法定代表人	
	英文:		地　址			
担保项目中、英文名称				项目总额		
项目合同号		担保金额		外币		
申请担保期限			年 月 日至		年 月 日	
保函受益人中、英文名称				保函种类		

保函开立方式:(画"√")
　　1.信开( ) 2.电开( ) 3.交我司( )
　　4.通过_____银行交受益人。
　　5.由_____银行转开保函受益人,贵行反担保有效期为上述保函期限截止日后加15天。

反担保方式:(画"√")
　　1.我司向贵行交纳100%保证金。( )
　　2.我司存入贵行金额_____存单号为_____的定期存款单作保证。
　　3.我司存入贵行金额_____存单号为_____的定期存款单作保证。
　　4.由_____为我司承担连带责任担保(不可撤销反担保函附后)。

申请人承诺:
　　1.我司向贵行提供的项目内容、财务报表和资料真实可靠,并接受贵行的监督检查。
　　2.受益人向贵行提出索付要求后,本企业对贵行所采取的履行担保责任的措施不提出异议,并保证无条件地承担贵行因履行担保责任而付出的各项费用。

法定代表人(签字):	企业公章:
	年 月 日
经办人签字	××行开户账号

注:本表由申请企业填写、签章,随表请附有关资料。

2. 担保行审查

(1) 审查申请人资格

银行出于自身利益的考虑,在开立保函前,会对申请人的资格进行审查,首先确定申请对象是否在担保行开户并经政府部门批准,有对外经营权且是近几年财务和经营状况比较良好的企业。

(2) 审查"保函开立申请书"及相关材料

具体包括:申请人签字(盖章)、受益人名称及地址、保函种类、金额、期限、费用承担、开立方式、合同号、标书号及工程名称、责任和义务条款;企业及项目名称、金额、有效期、批准文件。

(3) 审查保函格式和条款

如保函名称、受益人、保函金额、索赔条款及文件等。

3. 担保行登记并开立保函

审核后,担保行登记"保函开立申请书"的相关内容,并按以下要求开立银行保函。

(1) 确定保函责任,保函原则上不得进行转让。

(2) 选择保函开立方式:信开或电开,直接开立或转开,加保或加签及背签。

(3) 订立保函条款,明确金额限制,明确保函的生效期和失效期,对费用、损失及赔偿类一般不开立赔偿保函。

4. 保函通知

保函开立后,担保行缮制保函通知电文 SWIFT MT 760,通过国外代理行通知出口商。银行保函通知电文具体格式和内容见表 8-1。

表 8-1　　　　　　　　　SWIFT MT 760 格式项目填写

Status	Tag	Field Name	Content/Options	No.
M	27	Sequence of Total	1! n/1! n	1
M	20	Transaction Reference No.	16x	2
M	23	Further Identification	16x	3
O	30	Date	6! n	4
M	40C	Applicable Rules	4! a[/35x]	5
M	77C	Details of Guarantee	150 * 65x	6
O	72	Sender to Receiver Information	6 * 35x	7

SWIFT MT 760 报文内容：

*	FIN/Session/ISN	:F01 .SS. .SEQ..	
*	Own Address	:BACHCNBJA910	BANK OF CHINA
*			GUANGZHOU
*			GUANGDONG BRANCH
*	Input Message Type	:760 Guarantee	
*	Sent to	:CITIUS33XXXX	CITIBANK, N. A.
*			NEW YORK, USA
*	Priority/Obsol, Period	:Normal/100 Minutes	

27 /Sequence of Total
    1/1
20 /Transaction Reference No.
    LCWJLG0692
23 /Further Identification
    ISSUE
30 /Date
    200508
40C/Applicable Rules
    URDG
77C/Details of Guarantee
    We guarantee that Party A Shall effect Payment, in accordance with the terms and conditions of the above-mentioned contract, for your delivery to terms of totalling USD77495.79 Should Party A fail to make payment wholly or partially within the time limit as stipulated in the contract, we undertake to effect such payment to the extent of the guaranteed amount for the unpaid value of goods you delivered to them plus interest.

5.保函审核及修改

（1）代理行审核保函

《见索即付保函统一规则》规定，所有保函必须规定委托人、受益人、担保人、需要开立保函的背景交易、应付最高金额及币种、保函失效日期及失效事件、索赔条款、保函金额递减的任何规定。开立保函及其修改书的所有指示和保函及修改书本身都应清晰、准确，并避免过多的细节。

（2）修改银行保函

代理行注意审核银行保函是否已经失效，单据与保函规定是否一致，索赔通知是否有效等。并及时通知受益人，若受益人申请修改保函，须填写保函修改申请书，经代理行审核后电告(MT760)(格式见表 8-2)担保行。

保函修改申请书
Letter of Guarantee Amendment Application

TO: CITIBANK N. A. , NEW YORK　　　　　　　　DATE: May 12,2020

Applicant: GUANGDONG LANTIAN ART and CRAFTS CO. ,LTD. GUANGZHOU, CHINA	Beneficiary: MARYA TRADING CO. , LTD. NEW YORK, USA
L/G No. : LCWJLG0692	No. of Amendment: LCWJLG0692-2
Issuing Date: May 8, 2020	Amount: USD77495.79

Please amend the above-mentioned guarantee as follows:
(×) Amount increased by USD77495.79 to USD80495.79
(　) Amount decreased by　　to
(×) Expiry date extend to 20200830 (mm) (dd) (yy)
(　) Others:

All other terms and conditions remain unchanged.
Banking charges are for account of beneficiary applicant.

Transacted by　　　　　　　　　　　　　　　　　Tel:
Fax:6687-3342　　　　　　　　　　　　　　　　　E-mail:
　　　　　　　　　　　　　　　　　　　　　　　　Brown White
　　　　　　　　Applicant: name signature of authorized person (with seal)

表 8-2　　　　　　　　SWIFT MT 760 格式项目填写

Status	Tag	Field Name	Content/Options	No.
M	27	Sequence of Total	1! n/1! n	1
M	20	Transaction Reference No.	16x	2
M	21	Related Reference	16x	3
M	23	Further Identification	16x	4
O	30	Date	6! n	4
O	26E	No. of Amendment	2n	6
M	31C	Date of Issue or Request to Issue	6! n	7
M	77C	Amendment Details	150*65x	8
O	72	Sender to Receiver Information	6*35x	9

SWIFT MT 760 报文内容：

*	FIN/Session/ISN	;F01 .SS. .SEQ..	
*	Own Address	;EITIUS33XXXX	CITIBANK，N.A.
*			NEW YORK，USA
*	Input Message Type	;760 Guarantee	
*	Sent to	;BKCHCNBJA910	BANK OF CHINA
*			GUANGZHOU
*	Priority/Obsol，Period	;Normal/100 Minutes	

27 /Sequence of Total
　　1/1
20 /Transaction Reference No.
　　LCWJLG0692
23 /Further Identification
　　ISSUE
30 /Date
　　200508
26E/No. of Amendment
　　2
31C/Date of Issue or Request to Issue
　　200508
77C/Amendment Details
　　As per Beneficiary's instruction，The amount of Guarantee be increased USD3000.00 and Expiry date extended to 200830.

6.保函索偿

（1）索偿的有效性。索赔要求必须于保函到期日或在此之前或失效事件发生前提交。索款要求须与保函条款相符，并符合《见索即付保函统一规则》的单据要求。为了使反担保函项下要求有效，随附声明须说明：

①担保人已收到索款要求；

②索款要求与保函条款相符；

③索款要求与保函规则相符。

（2）赔付后保函失效。当受益人提交了与保函规定相符的证明文件，索赔即成立，担保行应及时进行赔付。但只有在保函到期或受益人书面声明解除担保行的责任，或受益人退回保函正本后，担保行的责任才能得以最终解脱。所以银行在对外赔付时，应注意区别部分赔付和全额赔付。

7.保函的注销

保函在到期后或在担保人赔付保函项下全部货款后失效。保函失效后，担保人应向受益人发出函电，要求其退还保函正本，并将保函留底从档案中调出，在原卷封面上批注红字"注销"字样，和退回的保函正本一起归于清讫卷备查。至此，保函业务的运作程序结束。

任务2　国际保理认知与业务操作

案例导入

　　重庆A公司主要从事摩托车整车及其零部件进出口业务,主要出口地有东南亚、非洲、拉美等国家。其中,B公司是重庆A公司在印尼的主要进口伙伴。B公司最初从重庆A公司进口摩托车时,采用的是开立即期信用证的结算方式,但是随着双方业务量的增大,这种结算方式显得越来越不适用,主要表现在以下两个方面:

　　1.按照印尼大多数银行的规定,开立信用证时必须最低存入信用证金额35%以上的保证金且要收取0.5%的开证手续费,这严重占用了B公司的资金,加大了其进口的成本。

　　2.近年来印尼的摩托车市场竞争也日益激烈,B公司销售货款回笼速度也较往年大大减慢,但是信用证结算方式要求单到付款,使得其资金周转出现了一定的问题。

　　于是B公司期望寻找一种更为灵活的付款方式,并向重庆A公司提出采取至少3个月的赊销方式结算,否则其将削减进口量或转而寻求其他的贸易合作伙伴。重庆A公司深知B公司提出的问题有其合理性,也不愿意失去最大的买家,但是又实在担心赊销方式无法安全收回货款(毕竟不像信用证结算方式那样有银行信用做担保)。于是,重庆A公司求助其开户银行,请求帮助解决这一难题。

　　工商银行向重庆A公司推荐了无追索权国际保理业务。工商银行首先联系了世界知名的福费廷和保理业务专业机构——西德意志银行印尼分部,请求其作为进口保理商,对B公司进行信用评估和授信,并提供了其所需要的全部资料。一天以后,西德意志银行印尼分部回复,同意作为进口保理商,保理额度为50万美元,佣金为发票金额的1.5%,单据处理费和银行费用合计200美元(该200美元由买方承担)。

　　工商银行立刻向重庆A公司进行了报价:保理额度50万美元,佣金为发票金额的1.7%,融资利率为半年期人民币贷款基准利率上浮10%,单据处理费用100元人民币。重庆A公司接受了工商银行的报价,并迅速与工商银行签订了出口保理协议,同时与B公司重新签订了贸易合同,合同金额为50万美元,付款方式为O/A,期限为发票日后90天。工商银行与重庆A公司签订了出口保理协议后,于当日正式向西德意志银行印尼分部申请信用额度,2个工作日后,西德意志银行印尼分部回复工商银行,通知其信用额度批准额、有效期等。20天后,重庆A公司按合同发货完毕,将附有转让条款的正本发票、提单、原产地证书等单据提交给工商银行,同时提交了债权转让通知书和出口保理融资申请书。工商银行按照出口保理协议于第2天向其提供了3个月期、30万美元的融资。在规定的付款期限到期2天后,西德意志银行印尼分部电汇来492300美元货款,工商银行在扣除融资本息和相关费用后,将余额付给重庆A公司。

案例分析

通过该案例,我们可以看出:国际保理业务无论是对出口商、进口商还是银行,都具有独特的应用优势,真正实现了"三赢":

1. 对出口商重庆A公司来说,运用保理业务的最大优势在于其得到了无追索权、手续简便的贸易融资,进口商的信用风险转由工商银行承担,它得到了100%的收汇保障,售出货物后立刻获得60%的预付款融资。同时,由于是无追索权保理,财务上可以立即反映为资产方借记,而不是像一般的流动资金贷款那样反映在债方的增加,因此,对改善公司流动比率有积极的作用。同时,由于采取了赊销方式,大大增强了公司产品的出口竞争力,并有利于公司对新市场的开拓和新客户的培养。

2. 对进口商B公司而言,可以避免在信用证项下较高的开证费用和必须存入的35%的保证金,因而减少了资金积压,降低了进口成本。并且由于是发票期后3个月付款,B公司可以将货物销售后再付款,扩大了其现有支付能力下的购买力。

3. 对作为出口保理商的工商银行而言,开办保理业务不仅丰富了业务品种,拓宽了市场范围,还提升了其利润空间。在该笔业务中,工商银行不仅收入了较高的融资利息,还收取了约合8300元人民币的佣金。这是一般的贷款业务所不能达到的数额。

相关知识

一、国际保理的含义与特点

国际保理(International Factoring)是指出口商在采用赊销(O/A)、承兑交单(D/A)等信用方式向进口商销售货物时,由出口保理商和进口保理商基于应收账款转让而共同提供的包括应收账款催收、销售分户账管理、信用风险担保以及保理预付款等服务内容的综合性金融服务。

国际保理业务的主要特点是:

1. 对进出口商都有极大的优越性

一方面,国际保理业务有助于出口商安全收回汇款;加速资金流转,扩大业务经营范围;增加贸易机会;节省时间和费用;改善资产负债比例及转嫁汇率风险等。另一方面,国际保理业务也有利于进口商降低进口成本;减少流动资金的占用,加速资金流转,增加营业利润。

2. 通过核定"信用额度申请"有效控制业务风险

在国际保理业务中,出口保理商把出口商提供的"信用额度申请表"转交给进口保理商,要求其对进口商的资信和经营状况进行调查和评估并核定信用额度。在此基础上以确定保理业务的规模。凡是在进口商资信条件和偿付能力允许限度内的业务可以接受,否则将被制止。这种做法有效控制了业务风险,确保款项的收回。

3. 可以进行贸易融资

出口保理商可以根据出口商的要求和提供的发票等相关文件,为出口商提供不超过发票金额80%的无追索权的预付款,基本上解决了出口商的资金问题,而且手续简单便捷。

4. 提供百分之百的坏账担保

国际保理业务还有一个明显的特点,如果出口商严格按照合同和保理协议履约,对于已核准的应收账款,保理商即向其提供100%的坏账担保。即使到时进口商无理拒付或因其他原因导致款项无法收回时,保理商都会承担风险。但是,未核准的账款不在此范围内。

 二、国际保理业务的基本当事人

国际保理业务涉及的当事人主要有四个:

1. 销售商(Seller)

销售商是指通过出具发票将应收账款转让给保理商叙做保理业务的一方,一般是卖方或出口商。

2. 债务人(Debtor)

债务人是对应收账款有付款责任的人,一般是买方或进口商。进口商与出口商之间是货物买卖合同关系,与进口保理商之间是一种事实上的债权债务关系。

3. 出口保理商(Export Factor)

出口保理商是指与出口商签订协议,对转让的应收账款叙做保理业务的一方,一般是出口商所在国的银行或公司。出口商与出口保理商之间是根据出口保理协议建立的一种

合同关系。

4. 进口保理商(Import Factor)

进口保理商是指按照保理协议,代收由出口保理商转让的应收账款,并有义务支付该项账款的一方。一般是进口商所在国的银行或公司。进口保理商与出口保理商之间是"相互保理"合同关系。

三、国际保理的类型

由于各个国家和地区的商业交易习惯及法律法规不同,各国办理国际保理业务的内容以及做法也各有不同。根据保理业务的性质、服务内容、付款条件、融资状况等方面存在的差异,我们可以将国际保理业务分为以下类型。

(一)根据保理商是否对出口商提供预付融资划分

根据保理商是否对出口商提供预付融资,国际保理业务可分为融资保理(Financial Factoring)和到期保理(Maturity Factoring)。

1. 融资保理

融资保理又称预支保理,是一种预支应收账款业务。当出口商将代表应收账款的票据交给保理商时,保理商应以预付款方式向出口商提供不超过应收账款80%的融资,剩余20%的应收账款待保理商向债务人(进口商)收取全部货款后,再进行清算。这是一种比较典型的保理方式。

2. 到期保理

到期保理是指保理商在收到出口商提交的、代表应收账款的销售发票等单据时并不向出口商提供融资,而是在单据到期后,向出口商支付货款的保理方式。

(二)根据保理商公开与否划分

根据保理商公开与否,即销售货款是否直接付给保理商,国际保理业务可分为公开型保理(Dis-closed Factoring)和隐蔽型保理(Undisclosed Factoring)。

1. 公开型保理

公开型保理是指出口商必须以书面形式将保理商的参与通知进口商,并指示他们将货款直接付给保理商。目前的国际保理业务大多是公开型的。

2. 隐蔽型保理

隐蔽型保理是指保理商的参与是对外保密的,进口商并不知晓,货款仍由进口商直接付给出口商。这种保理方式往往是出口商为了避免让他人得知自己因流动资金不足而转让应收账款,并不将保理商的参与通知给买方,货款到期时仍由出口商出面催收,再向保理商偿还预付款。至于融资和有关费用的清算,则在保理商与出口商之间直接进行。

(三) 根据保理商是否保留追索权划分

根据保理商是否保留追索权,国际保理业务可分为无追索权保理(Non-recourse Factoring)和有追索权保理(Recourse Factoring)。

1. 无追索权保理

在无追索权保理中,保理商根据出口商提供的名单进行资信调查,并为每个客户核定相应的信用额度,在已核定的信用额度内为出口商提供坏账担保。出口商在有关信用额度内的销售,因为已得到保理商的核准,所以保理商对这部分应收账款的收购没有追索权。由于债务人资信问题所造成的呆账、坏账损失均由保理商承担。国际保理业务大多是这类无追索权保理。

2. 有追索权保理

在有追索权保理中,保理商不负责审核买方资信,不确定信用额度,不提供坏账担保,只提供包括贸易融资在内的其他服务。如果因债务人清偿能力不足而形成呆账、坏账,保理商有权向出口商追索。

(四) 根据保理运作机制是否涉及进出口两地的保理商划分

根据保理运作机制是否涉及进出口两地的保理商,国际保理业务可分为单保理(Single-factor System)和双保理(Two-factor System)。

1. 单保理

单保理是指仅涉及一方保理商的保理方式。如在直接进口保理方式中,出口商与进口保理商进行业务往来;而在直接出口保理方式中,出口商与出口保理商进行业务往来。

2. 双保理

双保理是涉及买卖双方保理商的保理方式。国际保理业务中一般采用双保理方式,即出口商委托本国出口保理商,本国出口保理商再从进口国的保理商中选择进口保理商。

进出口保理商之间签订代理协议,在整个业务过程中,进出口双方只需与各自保理商进行往来。

(五)根据国际贸易进出口的角度划分

根据国际贸易进出口的角度,国际保理业务可分为进口保理(Import Factoring)和出口保理(Export Factoring)。

1. 进口保理

进口保理是指保理商为进口商利用赊销方式进口货物向出口商提供信用风险控制和坏账担保等服务。

2. 出口保理

出口保理是指保理商为出口商的出口赊销提供贸易融资、销售分户账管理、账款催收和坏账担保等服务。

四、国际保理对进出口商的益处

在实践中,国际保理业务为进出口商带来了诸多益处,见表 8-3。

表 8-3　　　　　　　　　　国际保理对进出口商的益处

有利之处	出口商	进口商
增加营业额	对出口商新的或现有的客户提供更有竞争力的 O/A 付款条件,以拓展海外市场,增加营业额	利用 O/A、D/A 优惠付款条件,以有限的资本,购进更多货物,加快资金流动,扩大营业额
风险保障	对出口商而言,进口商的信用风险转由保理商承担,出口商可以得到 100% 的收汇保障,出口商还可以提前结汇,规避汇率风险	以公司的信誉和良好的财务表现获得买方信贷,减小资金压力
节约成本	咨询调查、账务管理和账款追收都由保理商负责,减轻业务负担,节约管理成本	节省了开立信用证和处理繁杂单据的费用
简化手续	免除了出口商使用信用证交易的烦琐手续	免除了使用信用证交易的烦琐手续
增加利润	由于出口商出口额的扩大降低了管理成本,规避了信用风险和汇率风险,获得提前退税,利润随之增加	资金使用效率提高,利于企业发展,增加了利润来源

五、国际保理业务适用的国际规则

《国际保理业务通用规则》是国际保理领域重要的国际惯例,由国际保理商联合会制定,于 1995 年 5 月 1 日开始生效。目前我国有多家银行参加了国际保理商联合会,在开展国际保理业务时必须遵守该惯例及仲裁规则。

六、出口保理业务操作

出口保理是指银行作为出口保理商根据出口商的申请,提供进口商资信调查、应收账款催收、销售分类账管理、出口保理融资和进口商信用风险担保等部分或全部服务的过程。

(一)出口保理服务的内容

如果出口商以赊销、承兑交单等方式销售货物,保理商可以为出口商提供以下服务:

1. 海外进口商的资信评估

作为出口保理商的银行可以利用银行系统或海外机构等对进口商的资格进行调查与评估,规定授信额度。

2. 进口商信用风险担保

保理协议签订后,保理商会逐一审定进口商的账务并预先评估信用额度。在协议执行过程中,保理商还会根据进口商的资信变化和实际业务调整信用额度。凡在核准的信用额度内,对没有任何商业纠纷的应收账款,保理商可以提供最高达 100% 的买家信用风险担保。

3. 贸易融资

银行根据出单或交货金额,以预支的方式为出口商提供一定比例的资金,加速出口商的资金周转。融资金额一般为发票金额的 80%。

4. 应收账款的管理及催收

银行作为保理商,在出口商发货后,通过购买将出口商的应收账款转为自己的债权,并针对不同国家的不同客户分立账户,分户登记应收账款的增加和减少,协助出口商进行销售管理。对于到期的应收账款,银行还会根据应收账款的逾期时间采取信函通知、打电话、上门催收甚至法律手段等方式进行催收,大大减轻了出口商的负担和风险。

(二)业务流程

我国银行办理出口保理业务的流程如图 8-2 所示。

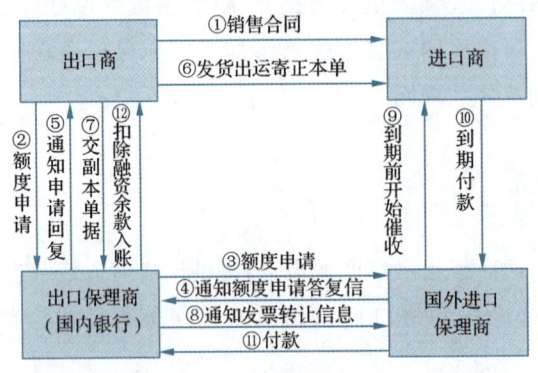

图 8-2　出口保理业务流程

微课：国际保理业务操作

①进出口商双方签订贸易合同并达成保理结算方式。

②出口商向本地出口保理商申请叙做保理业务，签订《出口保理协议》，通知进口商的名址，申请(进口商)的信用额度。

③出口保理商(国内银行)传递申请给国外进口保理商。

④国外进口保理商进行资信调查，初步核定信用额度，并通知出口保理商。

⑤出口保理商向出口商通知信用额度，提出报价。

⑥出口商向进口商发货出运并寄送正本单据(提单、发票、保险单、原产地证明等)。

⑦出口商将应收账款(债权)转让给出口保理商；将发票等有关单据副本、债权转让通知书、出口保理融资申请书提交出口保理商。

⑧出口保理商将债权再转让给国外进口保理商；将发票及单据的详细内容通过 EDI-factoring 系统通知国外进口保理商。

⑨国外进口保理商在规定时间按商业惯例向进口商催收货款。

⑩进口商到期付款。

⑪货款转交。

⑫扣除预付款、服务费或贴息后，付余款并入账。

(三)业务操作程序

1. 业务受理

出口商填写出口保理申请书，并提交进口商(应收账款债务人)基本情况表和规定的其他材料；银行审核出口商资信状况和应收账款条件；完成出口商授信评级并通知进口保理商出口商的信用风险担保要求。

出口保理申请书
Factoring Application

致：招商银行_____行 　　　　　　　　　　　　保理商业务编号 Reference
To: China Merehants Bank 　　　　　　　　　　　　No. E_____

　　我司兹申请以下出口保理服务（We hereby apply for export factoring service as below, with the choice marked with ×）。

双保理服务要求（Two-factor Service Required）			
[ ]无追索权 Non-recourse	[ ]仅需保理商催收 Collection only	[ ]有追索权 Recourse	[ ]需要融资 Financing

单保理 Single-factor Service　[ ]有追索权单保理（发票贴现）Invoice Discounting

现提供以下真实资料，以便贵行通过进口保理商评定买方的信用额度。
　　The true information is provided for assessing the buyer's credit through your import factor.

出口商资料（Seller's Information）

保理商给卖方编号 Seller No.：

1. 公司名称（中文）：_____
　　负责人（Chairman）：_____
　　英文（Business Name）：_____
2. 地址（中文）：_____
　　英文地址（Address）：_____
　　_____邮政编码（Zip）：_____
3. 开户银行（Bank）：_____账号（A/C）：_____
4. 行业分类（Industry）：
　　出口产品或服务的中英文名（Products or Services）：
5. 付款期限（Net Payment Terms）：O/A_____days from [ ] shipment date, [ ] invoice date; others:_____
　　[如已约定宽限期，请填写（Grace Period, if any）：
　　若提前若干天支付，允许买方折扣率 Discount days_____and discount pct_____%]
6. 发票币种（Invoice Currency）：
7. 预计出口年销售额（Expected Total Seller Turnover）：
8. 预计进口国购货买家数（Expected No. of buyers in the import country）：
9. 预计对进口国发票总张数（Estimated No. of Invoices）：
10. 预计对进口国的年赊销额（Expected Open Account Turnover）：
11. 预计其他方式出口年销售额（Expected Other Turnover）：
12. 与申请额度的买方的年交易额（Expected Annual Sales）：
13. 招商银行以外的其他出口保理商（Other Factors）：
14. 通常价格条款（General Terms of Delivery）：[ ] FOB　[ ] CFR　[ ] CIF

2. 初步信用评估

出口保理商根据债务人所在的不同国家和地区,选择合适的国外进口保理商;通过 EDI-factoring 发送相关信息给进口保理商;要求其对进口商资信及市场行情进行调查。进口保理商根据 EDI 所提供的情况和资信调查结果,于第 3 个工作日回复出口保理商,通知其信用额度批准额、有效期等。

买方信用额度评估申请(Credit Assessment Request)

买方编号 Buyer No.

1. 买方的注册登记号码(Buyer Company Registration No.):_____ 或(or)增值税号码(VAT No.):_____
2. 名称(Name):_____
   地址(Street and No. PO Box):_____
   城市(City):_____ 省/州(Province/State):_____ 邮编(Postcode):_____
   国家(Country):_____
3. [×]允许进口保理商与进口商直接联系(Buyer Contact Allowed)
   联络人(Contact Name):_____ 电话(Tel No.):_____
   传真(Fax No.):_____ E-mail:_____
4. 往来银行账号(A/C No.):_____
   银行名称(Name of Bank):_____
   分行(Name of Branch):_____
   往来保理商(Factors):_____
5. 申请额度(Amount of Credit Assessment Request):_____
6. 额度启用时间(Valid from Date):_____
7. 合同/订单号码(Sales Contract/Order No.):_____
8. 最迟发货日期(Latest Shipment Date):_____
9. [ ]本公司在进口国没有代理商(We have not any agent in buyer's country)
   [ ]本公司在进口国有以下代理商(We have the agent in buyer's country as below):
   名称(Name):_____
   地址(Address):_____
   联络人(Contact Name):_____ 电话(Tel. No.):_____

公司联系人 Contact:_____ 电话 Tel:_____ 传真 Fax:_____ E-mail:_____

银行要求填妥后请交正本,并将电子版发送至:_____ 和 _____@oa.cmbchina.com

公司签章(Signature & Stamp)
日 期(Date):

3.签订协议

(1)与出口商签订出口保理服务协议后,出口保理商向出口商报价,如进口商信用良好,进口保理商将为其核准信用额度。如出口商有融资需求,出口保理商付给出口商不超过发票金额80%的融资款。

(2)通过与出口商签订出口保理代理协议,出口保理商将应收账款债权转让给进口保理商,由进口保理商向进口商收款并提供担保。如果进口商同意购买出口商的商品或服务,出口商开始供货,并将附有转让条款的发票寄送进口商,出口商将发票副本交出口保理商。

4.应收账款转让

出口商在货物交付发运后,应及时向出口保理商提交应收账款转让申请书和应收账款转让清单,同时提交相关应收账款债权证明文件。O/A项下提交单据:进出口贸易合同副本、汇票、发票正本、货运单据副本、债权转让通知书。D/A项下提交单据:全套商业单据、进出口贸易合同副本、债权转让通知书。

5.出口保理商审单和寄单

出口保理商的审核要点如下:

(1)债权转让通知书是否与进口保理商的要求相符。

(2)商业发票是否载有债权转让条款,转让债权的累计余额是否超过核准的授信担保额度;发票抬头、品名、付款条件及装运日期、付款到期日的计算是否准确。

(3)货运单据是否为正本或正本复印件,已装运货物、装运期、运输方式、包装等是否符合进出口贸易合同要求。

(4)进出口贸易合同是否真实合理,是否有禁止或限制债权转让条款;是否存在影响债权使用的条款;货物描述是否明确;交易金额、付款方式、付款日期、交货时间等是否符合有关规定。

(5)应收账款是否符合条件。O/A方式下,由出口商直接向进口商寄单;D/A方式下,按进口保理商要求寄单。

6.进口保理商付款

进口商于发票到期日向进口保理商付款,进口保理商将款项付给出口保理商,如果进口商在发票到期日90天后仍未付款,进口保理商即先行付款,出口保理商扣除融资本息(如有)及费用,将余额付给出口商。

技能训练

1. 简答题

(1) 银行保函有哪些当事人？

(2) 银行保函的种类有哪些？

(3) 国际保理的含义是什么？

(4) 简述国际保理的业务流程。

2. 将下面的保函译成中文

Form of Guarantee for Payment

To: Marya Trading Co., Ltd.
New York, USA   Date: 20200508
Advised through: CITI BANK, N. A.   No.: LCWJLG0692

Dear Sirs:

Our irrevocable Letter of Guarantee No. LCWJLG0692 with reference to the contract No. SC-155200 signed between your goodselves and YUNHANG ART and CRAFTS Co., Ltd. (hereinafter referred to as Party A) at ＿ on ＿ and at the request of Party A, we hereby establish in your favor an irrevocable Letter of Guarantee No. LCWJLG0692.

We guarantee that Party A shall effect payment, in accordance with the terms and conditions of the above mentioned contract, for your delivery to terms of total USD77495.79.

Should Party A fail to make payment wholly or partially within the time limit as stipulated in the contract, we undertake to effect such payment to the extent of the guaranteed amount for the unpaid value of goods you delivered to them plus interest at 5％ P. A. calculated as from ＿ up to ＿, after our receipt from your bank within the validity of this L/G, of your written demand to be verified by Party A.

The guaranteed amount of this L/G will reduce in proportion to the sum plus interest already paid by party A and/or by us.

This Letter of Guarantee is valid up to 20200730 and should be returned to us for cancellation upon its expiry date.

For China Cons

3. 案例分析

经营日用纺织品的英国 A 公司主要从我国、土耳其、葡萄牙、西班牙和埃及进口有关商品。几年前，当该公司首次从我国进口商品时，采用的是信用证结算方式。最初采用这种结算方式对初次合作的双方是有利的，但随着进口量的增长，他们感到这种方式的烦琐和不灵活,并且必须向开证行提供足够的抵押。为了继续保持业务增长,该公司开始谋求至少60天的赊销付款方式。虽然他们与我国出口商已建立了良好的合作关系,但是考虑到这种方式下的收汇风险过大,因此我国供货商没有同意这一条件。之后,该公司转向国内保理商B公司寻求解决方案。英国的进口保理商为该公司核定了一定的信用额度,并通过中国银行通知了我国出口商。通过保理机制,进口商得到了赊销的优惠付款条件,而出口商也得到了100%的风险保障以及发票金额80%的贸易融资。目前,英国A公司已将保理业务推广到了5家中国的供货商以及土耳其的出口商。

结合国际保理业务知识分析进出口商应如何利用国际保理业务。

项目 9
备用信用证和福费廷业务操作

学习目标

【知识目标】
1. 了解备用信用证和福费廷业务的定义。
2. 掌握备用信用证和福费廷业务的特点。
3. 重点掌握备用信用证和福费廷业务的基本业务知识和流程。

【能力目标】
能够依据国际贸易的性质,准确选择和缮制相关备用信用证;能够进行福费廷业务的操作。

任务 1 备用信用证认知与业务操作

案例导入

原告:澳大利亚悉尼S银行(以下简称S银行)。
被告:香港B银行(以下简称B银行)。
S银行拟凭B银行开立的以S银行为受益人的备用信用证向D客户提供100万美元的信贷。S银行因缺少B银行的印鉴本,便去B银行悉尼分行核对。尽管在核对过程中双方还有争议,但毕竟在信用证签注了"印鉴相符,B银行"的字样,落款是B银行两位职员的签字。然后,S银行凭持有的B银行悉尼分行的印鉴本核对了两位职员的签字,完全相符。就此,D客户从S银行取得了100万美元。不久,S银行为信用证的一些小修改和B银行联系时,B银行否认曾经开立过此证,并表示对该信用证不承担任何责任。因而,S银行要求凭信用证支取100万美元遭到B银行的拒付。B银行声称该信用证是伪造的,而且信用证上某些内容也足以引起S银行的警觉。S银行反驳称,印鉴经核对相符,说明信用证是真实的,为此B银行应对该证负责。

【审理结果】

法庭鉴定原告提示的信用证确属伪造。

原告S银行以其对汇入汇款业务中印鉴核对的处理引作证明,是按当地银行惯例行事的,因而是确定信用证真伪的有效方法。如果通过具有代理关系的银行核对印鉴可以确认信用证的真伪,那么通过开证行分行核对印鉴同样可以确认信用证的真伪。

被告B银行声称信用证上的若干内容应引起S银行的警觉,因此被告可不受"禁止翻供"的约束。本法庭认为只有原告对于该伪证真正知情,被告不受"禁止翻供"的约束。对于原告来说,因不知道该信用证是伪造的而把被告的信用证当成是真实的,是合情合理的。

本法院裁决被告B银行对该信用证承担完全责任。

案例分析

本案例涉及的信用证是备用信用证,它又称商业票据信用证或担保信用证,是一种特殊形式的光票信用证,是开证银行对受益人承担一项义务的凭证。在此凭证中,开证银行保证在开证申请人未能履行其应履行的义务时,受益人只要按照其规定向开证银行开具汇票,并随附开证申请人未履行义务的声明或证明文件即可得到开证银行的偿付。

备用信用证起源于19世纪中叶的美国,美国商业银行创立备用信用证,用以代替银行保函,逃避法规的管制。它的用途几乎与银行保函相同,既可用于成套设备、大型机械、运输工具的分期付款、延期付款和租金支付,又可用于一般进出口贸易、国际投标、国际融资、加工装配、补偿贸易及技术贸易的履约保证。由此可见,它是一种介入商业信用中的银行信用,当申请人违约时,受益人有权根据它的规定向开证行索偿。本案例的备用信用证是用于资金融通担保的。

相关知识

 备用信用证的含义及特点

备用信用证(Standby Letter of Credit, SL/C)又称保证信用证或担保信用证,是指开证行向受益人出具的旨在保证申请人履行合约义务,并在申请人未能履行该义务时,凭受益人提交的文件或单据,向受益人做出一定金额支付的书面付款保证承诺。

备用信用证属于银行信用,开证行保证在申请人不履行其义务时,即由开证行付款。如果申请人履行了约定的义务,该备用信用证则不必使用。因此,备用信用证对于受益人来说,是备用于申请人发生违约时取得补偿的一种方式,其具有担保的性质。同时,备用信用证又具有信用证的法律特征,它独立于作为其开立基础的其所担保的交易合同,开证行处理的是与备用信用证有关的文件,与交易合同无关。

备用信用证有如下特点:

1. 不可撤销性

除非在备用信用证中另有规定,或经对方当事人同意,开证人不得修改或撤销其在该备用信用证下的义务。

2. 独立性

备用信用证下开证人义务的履行并不取决于以下四个方面:
(1)开证人从申请人那里获得偿付的权利和能力。
(2)受益人从申请人那里获得付款的权利。
(3)备用信用证中对任何偿付协议或基础交易的援引。
(4)开证人对任何偿付协议或基础交易的履约或违约的了解与否。

3. 跟单性

开证人的义务要取决于单据的提示,以及对所要求单据的表面审查。

4. 强制性

备用信用证在开立后即具有约束力,无论申请人是否授权开立,开证人是否收取了费用,它对开证行都是有强制性的。

 备用信用证的当事人

备用信用证的当事人主要包括开证申请人、受益人、保兑人、转开行、通知人和开证

人。与《见索即付保函统一规则》不同,《国际备用证惯例》(ISP98)规定开证人可为自己开立备用信用证,即双名备用信用证。例如,为保证开证人自己履约,政府机构或房东可以要求一家银行提供备用信用证。

1. 开证申请人(Applicant)

开证申请人简称申请人,是指申请开立或代理他人申请开立备用信用证的一方当事人,包括以自身名义为自己申请开证之人和以自身名义代他人申请开证之人。

有时实际申请开立备用信用证的当事人并不是备用信用证表面注明的申请人。ISP98所定义的"申请人"不仅包括在备用信用证表面列出的当事人(表面申请人),还包括实际申请人。例如,某母公司要求为其子公司开立备用信用证并保证付款,但只有其子公司的名字出现在备用信用证中,此时母公司和子公司都是申请人。

严格地讲,申请人并不是备用信用证的当事人,并且与除了开证人以外的任何当事人都没有关系。因此,在申请人已经破产的情况下,如果开证人决定在没有申请人指示或同意的情况下对备用信用证做出修改,申请人无权反对这种修改,但是开证人自行决定修改的行为将损害其获得偿付的权利。另外,申请人不能直接宣称被指定人或受益人所提交单据中的不符点。

2. 受益人(Beneficiary)

受益人是指在备用信用证下有权支款的指名当事人,包括可转让备用信用证下的受让受益人。

交单人(Presenter)是指作为或代表受益人或其指定人提交单据的人。具体讲,交单人主要包括两种:第一种是为自己向开证人或被指定人提交单据要求付款的受益人;第二种是代表受益人提交单据要求付款的人。

3. 保兑人(Confirmer)

保兑人是指经开证人指定在开证人的承诺上加上其自身保证承付备用信用证的人。一般讲,保兑信用证是指由开证行以外的银行接受开证行的授权或要求,对其开出的信用证加具保兑责任的双重担保信用证。保兑人的责任与开证人的责任是分离的,相互独立的。ISP98为了强调备用信用证的保兑人有与开证人同样的责任和义务,提供相同意义上的担保,特别规定:开证人的概念包括保兑人,保兑人视同一个独立的开证人,其保兑相当于代表开证人开立独立的备用信用证。也就是说,对于指定保兑人而言,开证人实际担任了申请人的角色。同样《UCP600》也明确肯定了保兑行承担第一性付款责任。

4. 转开行(Reissuing Bank)

转开行是指接受反担保行的要求,向受益人开出备用信用证的银行。转开备用信用证通常是根据外国法律或外国政府的规定和受益人的要求进行的,其目的是使"海外"担保变为"国内"担保,一旦发生争议和纠纷,不仅索赔迅速,还可以利用本国法律进行仲裁。转开行转开备用信用证后,如发生申请人(债务人)不履行基础合约,受益人凭备用信用证只能向转开行索偿,而不能向反担保行(或指示行)索偿。由于转开行在发生赔付后可凭反担保行(或指示行)开具的反担保备用信用证向反担保行索偿,因此,转开行不承担实际风险,只是名义上的担保人,而真正的担保人仍是反担保行(或指示行)。但转开行在转开备用信用证过程中如因处理不当而给反担保行造成损失时,应承担由此带来的赔偿责任。转开行转开备用信用证后,在备用信用证有效期内可按季向反担保行收取一定金额的手续费。转开行通常是受益人所在地的银行。对反担保行要求转开备用信用证的要求,转开行有权拒绝,但必须及时通知反担保行,以便反担保行选择其他银行作为转开行。若转开行接受转开请求和反担保行的反担保函或反担保备用信用证,则应按照反担保行的要求向受益人开出备用信用证并及时通知受益人。

5. 通知人(Notify Party)

通知人,即向受益人通知备用信用证的人。按照ISP98第2条第5款的规定,除非通知书中另有声明,它表示:通知人按照标准信用证惯例已经检查了所通知信息的表面真实性;该通知正确地反映了其收到的内容。被要求通知备用信用证的人,决定不通知时,应通知做出要求的一方。

可见,通知人被指定去通知开证人的备用信用证,仅被允许通知备用信用证而不允许改变备用信用证的内容,如果通知人错误地通知了备用信用证,开证人将因此不受被错误通知的条款的约束,而由通知人自己承担责任。如果被指定通知备用信用证或其修改的通知人选择通知备用信用证,那么通知人有责任对备用信用证的真实性加以证实。若通知书中未注明"印押待核"等字样,则意味着通知人已经核实了备用信用证或其修改通知书的表面真实性。

三、备用信用证的种类

根据在基础交易中备用信用证的不同作用,备用信用证可分为以下八类:

1. 履约保证备用信用证(Performance Standby)

履约保证备用信用证支持一项除支付金钱以外的义务的履行,包括对由于申请人在基础交易中违约所致损失的赔偿。

2. 预付款保证备用信用证 (Advance Payment Standby)

预付款保证备用信用证用于担保申请人对受益人的预付款所应承担的义务和责任。预付款保证备用信用证通常用于国际工程承包项目中业主向承包人支付的合同总价 10%～25% 的工程预付款，以及进出口贸易中进口商向出口商支付的预付款。

3. 反担保备用信用证 (Counter Standby)

反担保备用信用证又称对开备用信用证，它支持反担保备用信用证受益人所开立的另外的备用信用证或其他承诺。

4. 融资保证备用信用证 (Financial Standby)

融资保证备用信用证支持付款义务，包括对借款的偿还义务的任何证明性文件。目前外商投资企业用以抵押人民币贷款的备用信用证就属于融资保证备用信用证。

5. 投标备用信用证 (Tender Bond Standby)

投标备用信用证用于担保申请人中标后执行合同义务和责任，若投标人未能履行合同，开证人必须按备用信用证的规定向受益人履行赔款义务。投标备用信用证的金额一般为投保报价的 1%～5%（具体比例视招标文件规定而定）。

6. 直接付款备用信用证 (Direct Payment Standby)

直接付款备用信用证用于担保到期付款，指到期没有任何违约时支付本金和利息。其已经突破了备用信用证备而不用的传统担保性质，主要用于担保企业发行债券或订立债务契约时的到期支付本息义务。

7. 保险备用信用证 (Insurance Standby)

保险备用信用证支持申请人的保险或再保险义务。

8. 商业备用信用证 (Commercial Standby)

商业备用信用证是指如不能以其他方式付款，为申请人对货物或服务的付款义务进行保证。

根据备用信用证是否可以撤销，备用信用证可以分为可撤销的备用信用证和不可撤销的备用信用证。可撤销的备用信用证是指附有申请人财务状况，出现某种变化时可撤销或修改条款的信用证。这种信用证旨在保护开证行的利益，开证行是根据申请人的请求和指示开证的，如果没有申请人的指示，开证行是不会随意撤销信用证的。不可撤销的备用信用证是指开证行不可以单方面撤销或修改的信用证。对受益人来说，开证行不可撤销的付款承诺使其有了更可靠的收款保证。

四、备用信用证的业务操作

备用信用证的运作一般按照以下程序进行。

1. 申请开立备用信用证

申请人根据基础合同的规定,向其所在地的开证人(银行或其他机构)申请开立备用信用证,经开证人审核同意后,该申请书构成申请人与开证人之间的合同;申请人需要提供押汇等担保,有义务支付开证费;开证人有义务根据申请书的指示开证,并承诺首先向受益人付款。

2. 向受益人通知或转交备用信用证

开证人开证后,通常通过与受益人同地的通知人向受益人通知或转交备用信用证。通知人无义务必须为之,若该通知人不欲履行通知义务,则需及时通知开证人;若该通知人欲履行通知义务,则在开证人与通知人之间形成一种合同关系,通知人有义务核验备用信用证的表面真实性,有权利从开证人处取得报酬。当然,备用信用证也可由开证人或申请人直接寄交受益人,但在较大金额的交易中,受益人通常会要求通过通知人的专业核验来防备用信用证欺诈。

3. 对备用信用证进行保兑

在大宗交易中,受益人也可以要求对备用信用证进行保兑,开证人通常请求通知人提供保兑。通知人无义务必须进行保兑,若该通知人不提供保兑,则需及时通知开证人;若该通知人对备用信用证进行保兑,则成为保兑人,它对受益人承担与开证人同样的义务和责任。

4. 发货或履约

受益人获得备用信用证后,即可发货或做其他履约行为,如果申请人也按承诺或基础交易合同的规定履行了义务,那么备用信用证就自动失效,受益人应将备用信用证退还给开证人。至此,备用信用证的全部交易程序结束,这也是在大多数正常情况下备用信用证的运作程序。

5. 索偿

如果申请人未能按照承诺或基础交易合同的规定履行其义务,受益人即可向开证人或保兑人提交符合备用信用证规定的索偿要求以及备用信用证相符的单据,向开证人或保兑人索偿。当备用信用证存在保兑人的情况下,在未明确规定将单据应提交给开证人还是保兑人时,交单人可任意选择。开证人或保兑人经审查如果认为受益人所提交的索偿要求和相关单据符合备用信用证的规定,就必须按约定向受益人支付信用证金额。

6. 赔偿

开证人或保兑人如果没有任何过错做了最后偿付后,可以向申请人要求赔偿,若申请人不付款或不能付款,则开证人可以从押汇等担保中获得偿付;若开证人或保兑人因没有履行谨慎审单义务而错误地向受益人付款,则丧失对申请人的求偿权;若单证相符而受益人交货与基础交易合同不符,申请人不能对开证人拒付,只能依据基础交易合同向受益人索赔。

备用信用证与跟单信用证的比较

《UCP600》把跟单信用证和备用信用证统称为信用证,并给出了一个统一的定义。从形式上来看备用信用证与跟单信用证相似,但实际上它和跟单信用证还是有区别的。

1. 信用证种类不同

跟单信用证是附带货运单据的结算方式,主要用于进口货款的支付;备用信用证则不要求货运单据,属于光票信用证,一般不直接用于进口货物的款项结算,而是作为一种担保手段使用。

2. 开立目的和使用情况不同

开立跟单信用证的目的是由开证行向受益人承担第一性的付款责任,只要受益人按照信用证规定提交合格的单据,银行就应该付款。而开立备用信用证的目的是由开证行向受益人承担保证申请人履行有关合同义务的责任。若申请人未能履约,则由开证行负责向受益人赔偿经济损失。若申请人按合同规定履行了有关义务,受益人则无须向开证行递交此类违约声明,已开立的备用信用证也就"备而不用"了。

3. 要求受益人提交的单据不同

跟单信用证要求受益人提交符合信用证要求的货运单据、商业发票、保险单、商检单等作为付款的依据。而备用信用证中开证行要求受益人索赔时出具证明申请人违约的申明或证明文件、索赔通知书以及其他有关文件或单据。

4. 使用范围不同

跟单信用证主要用于进出口贸易结算过程,为出口商与进口商提供资金融通上的便利。备用信用证则可以涉及任何需要银行担保的业务领域,其使用范围比跟单信用证广,既可用于成套设备、大型机械、运输工具的分期付款、延期付款和租金支付,又可用于一般进出口贸易、国际投标、国际融资、加工装配、补偿贸易及技术贸易的履约保证。

任务2　福费廷业务认知与业务操作

案例导入

F银行与X公司签订了福费廷协议。2020年10月，F银行收到W国A银行N国分行开立的180天远期信用证一份，受益人为该行客户X公司，金额为USD 413000，装运期为2020年11月15日。2020年11月4日，X公司发货后，通过F银行将货运单据寄交开证行，以换取开证行A银行N国分行担保的远期承兑汇票。2020年12月，X公司将包买所需单据包括"无追索权"背书的A银行承兑汇票提交F银行包买。2021年2月，W国A银行突然倒闭，A银行N国分行于2021年3月停止营业，全部资金被N国政府冻结，致使F银行垫款无法收回，利益严重受损。

案例分析

此案例中，F银行包买的是信用证下的汇票。A银行N国分行是信用证的开证行，日后承兑信用证下的汇票而成为票据承兑人，具有保证按期履行对外支付的义务。但A银行总行倒闭，致使A银行N国分行停止营业，从而F银行即将到期的票据款无法收回。这里，F银行之所以遭受严重的银行担保风险，是因为F银行与X公司签署福费廷协议前，没有认真评估开证行A银行的信用级别，没有掌握全面信息，为A银行核定一个合理的信用额度。在实务中，信用证开证行的倒闭是极少数、极偶然的现象。而且，一般的信用证业务中，即使开证行倒闭，风险损失通常也是由出口商承担的。但即便如此，开展信用证业务时，开证行及其所在国的资信状况仍是出口地银行审证的重点内容。如果信用证下叙做福费廷业务，由于开证行的支付意愿及支付能力直接关系到包买银行自身的风险大小，因而，对开证行的资信审查应更加谨慎和严格。

相关知识

 福费廷的含义及特点

福费廷（Forfaiting）又称包买票据或票据包购，是指包买商（通常为银行或其附属机构）从出口商处无追索权地购买由进口商承诺支付并经进口地银行担保的远期承兑汇票或本票这样一种业务活动。因此，通过福费廷业务，出口商将因提供商品或劳务而产生的对进口商的债权放弃给了包买商，同时获得了对价支付，提前收回了货款。福费廷源于法语 Aforfait，其是放弃权利之意，在此是买断或无追索权购买之意，它是一种独具特色的金融服务业务和重要的中长期贸易融资方式，主要适用于资本货物的出口。

福费廷业务中最常见的债权凭证是汇票和本票，它们代表着出口收款权。汇票由出口商出具，由作为汇票付款人的进口商以承兑方式确认其债务责任；本票由进口商出具，出口商为本票收款人。通常，汇票或本票应由进口商邀请当地知名银行担保。

无追索权地购买债权凭证的是出口地的商业银行或作为银行附属机构的专门包买公司，它们又称包买行或包买商。无追索权地购买，意味着包买行买入票据时，放弃了对出口商追索的权利，并因此承担了到期索偿的全部责任和风险，而免去了出口商远期收款的风险。这是包买行提供服务的手段，目的是向出口商提供贸易融资和风险担保。福费廷业务一般有以下特点：

1. 福费廷业务产生于销售货物或提供技术服务的正当贸易

在大多数情况下，福费廷票据的开立是以国际贸易分期付款交易为背景，目前还有少部分国内贸易。

2. 出口商必须放弃对所出售债权凭证的一切权益

福费廷业务中的出口商必须放弃对所出售债权凭证的一切权益，做包买票据业务后，将收取债款的权利、风险和责任转嫁给包买商，而银行作为包买商也必须放弃对出口商的追索权。

3. 包买商对出口商、背书人无追索权

出口商在背书转让债权凭证的票据时均加注"无追索权"（Without Recourse）字样，从而将收取债款的权利、风险和责任转嫁给包买商。包买商对出口商、背书人无追索权。

4. 出口商支付承担费

在承担期内,包买商因为对该项交易承担了融资责任而相应限制了它承做其他交易的能力,以及承担了利率和汇价风险,所以要收取一定的费用。

5. 福费廷业务是一种重要的中期融资业务

融资期限至少是半年以上,多为5~6年,也有长达10年以上的。

6. 降低了出口商承担的风险

对出口商来说,包买票据业务实际上是将赊销变成了一次现金交易,它仅有的责任是生产和提供符合贸易合同规定的货物或劳务,并正确开立出票据。因此福费廷业务对出口商来说是一项很有吸引力的服务。

二、福费廷业务涉及的当事人

福费廷业务涉及的当事人主要有四个。

1. 出口商(Exporter)

出口商通常是福费廷票据的卖主,出口商在福费廷业务中向进口商提供商品或服务,并向福费廷融资商无追索权地出售有关结算的票据。这些票据既可能是出口商自己出具的汇票,也可能是进口商出具的本票。

2. 进口商(Importer)

进口商是福费廷交易的债务人,进口商是以赊购方式接受出口商所提供的商品或服务,并以出具本票或承兑出口商出具的汇票而承担票据到期付款的当事人。

3. 福费廷融资商(Forfaiter)

福费廷融资商又称包买商,通常为出口地银行或其附属机构以及大金融公司、福费廷公司。融资商在无追索权地买进出口商提交的票据以向出口商融资后,即获得届时向进口商追讨票款的权利,同时也承担了届时无法从进口商得到偿付的风险。若某一项福费廷业务金额很大,单一融资商无力承担,或者顾虑风险太大,则可能联系多个融资商组成福费廷辛迪加,联合承担该项福费廷的融资业务,按商定的比例,各自出资,获得收益和承担风险。

在融资商需要加速自己资金周转,或者减少所承担的风险,或者市场利率水平下降致使原先购入的票据价格上涨,及时出售可获得较多收益的情况下,融资商也可能转让原先购入的票据。这种情况下,转让票据的融资商就称为初级融资商,而受让票据的融资商就称为二级融资商。

4. 担保人(Guarantor)

担保人又称保付人,即进口商能按时付款做出担保的当事人,通常是进口商所在地的大商业银行。担保人的介入,是因为仅凭进口商本身的承诺(无论是进口商开立的本票,还是进口商承兑出口商开立的汇票),要支持一项福费廷业务的顺利进行,都显得不足,因此需要资金更为雄厚的银行提供担保。担保的形式可以是银行保函或备用信用证,也可以由担保人在福费廷业务所使用的票据上加具保证。两者比较,后者更为简捷、方便。银行在福费廷业务使用的票据上加具保证,被称为保付签字(Aval),银行在有关票据上注明"Aval"字样及被担保人的名称并签名后,被称为保付人(Avalist)。保付人就成为所保付票据的主债务人。保付人的介入提高了福费廷业务中票据的可靠性,降低了融资商的风险,使福费廷业务能得以较顺利地进行。

三、福费廷的业务操作

微课:福费廷业务操作

一笔福费廷业务的基本程序如下:

1. 出口商与包买商签订福费廷协议

进出口双方在贸易洽谈时,如果要使用包买票据方式进行融资,出口商应事先和包买商联系,并与包买商签订福费廷协议,规定有关义务与权利。事先联系包买商的好处就是可以了解福费廷业务的成本和费用,以便在给进口商提供远期付款融资时考虑延付利率和商品价格。出口商要准确地计算出销售价格,并将融资成本打入票据金额中。实际上,出口商与包买商签订福费廷协议包括出口商询价、包买商报价和双方签订协议三个程序。在包买商报价和双方签订协议之间,往往有一个选择期,以供出口商决定是否接受包买商的报价。这段选择期一般不超过48小时,包买商往往不收取费用。但如果选择期较长,如1~3个月,包买商则要收取选择费作为对承担利率和汇率风险的补偿。

2. 出口商取得经过担保的延期付款票据

出口商根据贸易合同发货后,将全套货运单据按贸易合同规定的途径寄给进口商,以换取具有银行担保的延期付款票据。延期付款票据可以是出口商向进口商签发并由进口商承兑的远期汇票,也可以是由进口商开具的本票。担保行的资信应得到包买商的认可,担保可以采用两种方式:银行保函(备用信用证)或票据保证。银行保函一般是由进口地银行应进口商的请求开出的付款保函,保证按期支付票款。银行保函不仅要写明应付票据的总金额,还要写明每期付款的金额和期限。票据保证是指担保行作为进口商(汇票的承兑人或本票的出票人)的保证人在票据上加注"保证"字样并签名,构成担保人不可撤销的保付责任。

3. 出口商向包买商交单

出口商取得经担保的远期付款票据后,背书并注明"无追索权"字样,然后连同其他单据向包买商交割。这些其他单据通常根据每笔交易的不同情况,在福费廷协议中做出了明确规定,一般包括提单副本、发票副本、合同副本或保函副本、出口商对其签字及文件真实性的证明、出口商债权转让函以及官方授权书或特许证、进口许可证、支用外汇许可证、印花税支付证明等。从出口商与包买商签订包买票据协议到出口商向包买商交单这段期间称为承诺期。由于在承诺期内包买商必须恪守承诺,即到某一约定日期按一个固定贴现率对一定的票据融资,因而相应限制了它承做其他业务的能力,并且承担了利率和汇率风险,所以要收取一定的费用,即承诺费。

4. 包买商无追索权地买入远期票据

包买商收到出口商提交的单据后需认真审核,尤其对出口商签字的真伪要核实。包买商买入票据采用贴现方式,在付款时,需按出口商的指示,将贴现款项汇到其指定的银行账户上。同时包买商需要向出口商提供一份贴现清单,列明贴现票据面值、贴现率、期限、承诺费以及贴现后的净值。另外,包买商还会抄送一份清单给进口方银行作为存档文件,以便在到期日索偿时参考。

5. 到期票据的清算

在票据到期前,包买商应把即将到期的票据直接寄给担保人。担保人则于到期日按包买商的指示汇付票款。如果担保人未能在到期日正常付款,但延误的时间未超过包买商在考虑资金转移风险时所预定的宽限期时,包买商不追索迟付利息。但如延误的时间较长,包买商则要追索迟付利息。万一发生担保人拒付的情况,包买商应尽快做成拒绝证书,鉴于担保人因未能按时履行绝对的付款责任已严重损害了自己的信誉,所以这种将通过法律程序追讨债款的暗示会起到足够的威慑作用,促使担保人尽快履行付款责任。另外,当发生迟付或拒付时,只能说担保人对到期提示的某一期票据发生了违约,而不能以此推断并宣称担保人对其他所有未到期票据发生了违约,尽管它们属于同一笔交易并由同一担保人担保。因此,也不能要求担保人对未到期票据提前付款,这一做法与商业贷款有明显的区别。

技能训练

1. 单项选择题

(1)备用信用证的基本当事人不包括( )。
　A.开证人　　　　B.担保人　　　　C.受益人　　　　D.开证申请人

(2)以下不属于备用信用证和跟单信用证相同点的为( )。
　A.两者形式相似
　B.两者都属银行信用
　C.两者都凭符合信用证规定的凭证或单据付款
　D.两者开证行都承担第一性的付款责任

(3)在全球范围内规范备用信用证的一套独立的国际统一惯例是( )。
　A.《跟单信用证统一惯例》　　　　B.《托收统一惯例》
　C.《国际备用证惯例》　　　　　　D.《见索即付保函统一规则》

(4)以下关于备用信用证的说法不正确的是( )。
　A.开立备用信用证的目的是由开证行向受益人承担第一性的付款责任
　B.若申请人未能履约,则由银行负责向受益人赔偿经济损失
　C.若申请人按合同规定履行了有关义务,受益人就无须向开证行递交违约声明
　D.备用信用证常常是备而不用的文件

(5)以下属于备用信用证和银行保函不同点的是( )。
　A.定义和法律当事人　　　　B.性质
　C.与基础合同的关系　　　　D.作用

(6)以下不属于备用信用证基本内容的是( )。
　A.备用信用证的编号和开立日期
　B.备用信用证的有效期
　C.索偿时受益人所需要提供的文件或单证及提示方式
　D.货物简要名称、数量、单价及包装

(7)以下关于备用信用证的业务处理流程正确的是( )。
①申请人向开证行申请开立备用信用证
②申请人未履行基础合同义务时,受益人将索偿申明及文件或单据向开证行提示(如果申请人顺利履行基础合同的义务,备用信用证自动失效)
③开证行审单无误后履行备用信用证责任和义务
④申请人向开证行归还代偿付款项

⑤通知行向受益人通知备用信用证
⑥开证行经过审查后开出备用信用证,并委托通知行通知信用证

A. ①②③④⑤⑥ B. ①⑥⑤②③④
C. ③①②⑥④⑤ D. ①④⑥②⑤③

(8)以下关于备用信用证和跟单信用证相同点说法正确的是(　　)。

A. 两者功能相似 B. 两者应用范围相同
C. 两者都属于银行信用 D. 两者要求受益人提交的单据相同

(9)以下关于备用信用证和银行保函相同点说法正确的是(　　)。

A. 两者形式相似 B. 两者适用法律规范和国际惯例相同
C. 两者融资作用相同 D. 两者性质相同

(10)(　　)的开证行担保一项支付金钱以外的履约义务,包括对申请人在基础交易中违约而造成损失进行赔偿的义务。

A. 投标备用信用证 B. 履约保证备用信用证
C. 预付款保证备用信用证 D. 融资保证备用信用证

2. 不定项选择题(每题有一个或两个以上答案)

(1)我行可叙做以下哪种类型信用证项下的福费廷业务?

A. 即期信用证 B. 远期议付信用证
C. 远期承兑信用证 D. 延期付款信用证

(2)在福费廷业务中,以下哪些是合格的债务工具和担保?

A. 远期信用证项下的汇票 B. 出口商出具并由进口商承兑的汇票
C. 进口商出具给出口商的本票 D. 保函或担保书项下的本票或汇票
E. 经第三方担保的本票或汇票

(3)通过办理福费廷业务,可以帮助出口商消除哪些风险?

A. 债务人的信用风险 B. 国家风险
C. 汇率风险 D. 利率风险

(4)企业在我行办理福费廷业务,以下哪种说法正确?

A. 需占用企业在我行的综合授信额度
B. 需提供有效的担保或抵押
C. 无须占用企业在我行的授信额度

(5)根据外管政策,企业采用以下哪种类型的出口贸易融资业务可办理出口收汇核销和退税?

A. 出口押汇 B. 福费廷
C. 出口保理融资 D. 出口发票融资
E. 出口托收融资

3. 案例分析

F客户收到一单出口业务,开证行为孟加拉汇丰银行,信用证类别为90天远期信用证,单据金额为10 000美元,并已经开证行承兑,F客户申请中小企业的融资日期为2020年5月24日,该信用证承兑付款日2020年8月17日。

F客户为中小企业客户,中小企业客户融资受到很大限制,民生银行合理安排出口福费廷授信额度,在扣除对方银行预扣费、民生银行手续费后,客户顺利获得9500多美元的中小企业的融资金额。

(1)针对出口型中小企业,信用证项下货物已发运且已经国外开证行(只要该银行在民生银行有授信额度)承兑,是否需要其他担保措施?

(2)上例中,民生银行于2020年8月17日没有收到开证行的付款,民生银行是否对F客户有追索权?

项目 10
新形势下的国际结算方式

学习目标

【知识目标】
1. 了解新形势下跨境人民币结算和第三方支付平台结算的定义。
2. 掌握跨境人民币结算和第三方支付平台结算业务的操作流程。

【能力目标】
能够依据国际贸易的性质,进行跨境人民币结算和第三方支付平台结算的操作。

任务 1 跨境人民币结算认知与业务操作

案例导入

客户郑小姐,供职于天津市自由贸易园区(自贸区)注册的一家贸易公司,任销售经理一职。为满足境外旅游消费需求,拟向其新加坡 A 银行的本人账户汇款 50 万元人民币。A 银行审核其资质,确认相关证明材料真实完整性后,为其办理了相关汇款手续,经与客户确认,所汇款项已即时到账。

该笔业务是 A 银行第一笔天津自贸区个人经常项下的跨境人民币结算业务。A 银行由此成为首批在天津自贸区开展个人跨境人民币结算业务的外资银行。

案例分析

随着人民币国际化进程的推进，境内居民生活水平的不断提高，高端定制旅游、购买奢侈品等境外消费需求激增，而信用卡额度有限，购汇额度有限，经常项下跨境人民币结算业务可以打通境内外资金流通渠道，有效填补这部分空缺。

A银行的业务定位为：为高端客户提供环球服务，客户除拥有一个国内账户外，还拥有新加坡等境外地区的账户。个人跨境人民币结算业务在自贸区的推进，不仅为区内有跨境结算需求的个人客户提供了便利，也为A银行拓展当地零售银行及财富管理业务带来了新的机遇。

相关知识

一、跨境人民币结算概述

跨境人民币结算是指居民和非居民之间以人民币开展的或用人民币结算的各类跨境业务。跨境是指我国与境外各经济体之间，即居民与非居民之间。

跨境人民币结算对企业的好处体现在以下几个方面：

1. 降低企业汇兑成本，规避汇率风险

用人民币进行国际结算，特别是在关联企业之间，可以节省企业购汇和结汇成本，降低资金错配风险，实现收入和支出项目的对冲，直接规避汇率风险。

2. 简化企业结算手续，加快结算速度，提高资金使用效率

跨境人民币结算不纳入外汇核销管理，不需要提供外汇核销单，跨境结算资金不用进入待核查账户，贸易信贷项目只做外债登记，不纳入外债管理。所以，跨境人民币结算将简化企业资金结算手续，缩短结算过程，提高资金使用效率。

跨境人民币结算范围包括以人民币进行进口货物贸易、跨境服务贸易和其他经常项目结算[如一般贸易、预收预付、来料加工、退（赔）款、贸易从属费用等]。跨境人民币结算方式一般包括电汇、信用证和托收等。

二、企业办理跨境人民币结算业务操作

企业办理跨境人民币结算业务的流程如图10-1所示。

1. 对先进出口后结算的情形，企业办理业务的流程

（1）企业与外商签订人民币计价结算的贸易合同，并按合同约定进行生产和交货。

(2)按合同规定及货物装船到(发)货的情况,以人民币向海关报关。

(3)企业凭发票、增值税专用发票和出口报关单退税联(需要退税的需在海关打印)向当地税务机关办理出口免抵退税的申报。

(4)企业向银行提供合同、发票、进(出)口收(付)款说明,在银行办理收款入账或付款。银行按规定将相关信息报送RCPMIS。

2. 对先结算后进出口的情形,企业办理业务的流程

(1)企业与外商签订人民币计价结算的贸易合同,并按合同约定进行生产和交货。

(2)企业向银行提供合同、发票、进(出)口收(付)款说明,在银行办理收款入账或付款(进口预付或出口预收)。银行按规定将相关信息报送RCPMIS。

(3)按合同规定及货物装船到(发)货的情况,企业以人民币向海关报关。

(4)企业实际报关时间与预计报关时间不一致的,应通知银行,由银行向RCPMIS报送相关更新信息。

(5)企业凭发票、增值税专用发票和出口报关单退税联(需要退税的需在海关打印)向当地税务机关办理出口免抵退税的申报。

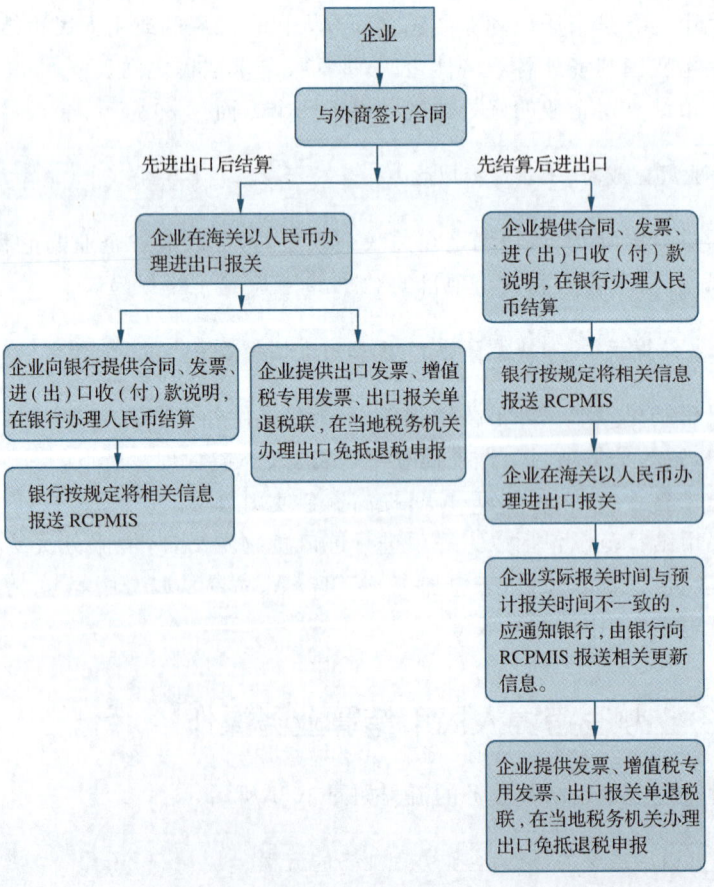

图10-1 业务流程

任务 2　第三方支付平台结算认知与业务操作

案例导入

近年来每到春节,都会再现热闹的红包大战,咻一咻、摇一摇成为大家迎新春辞旧岁的标准动作。网络红包作为线上拜年的重要环节,其渗透率以及活跃度持续走高,网络红包拜年已经成为社会大众新年俗。

统计显示,在2021年春节网络红包活动中,支付宝、微信、抖音和快手具有较高的活动热度。其中,61.4%的用户参与了支付宝的集五福活动,54.2%的用户参与了微信红包封面活动。在经历数年春节红包活动狂欢后,用户对春节网络红包活动的接受程度态势明朗,多数用户对于春节网络红包活动较为认同。

案例分析

红包大战的背后,少不了BAT(中国三大互联网公司百度、阿里、腾讯)的推波助澜,而他们的大肆投入显然是看中了与红包共生的支付,这才是重点。2020年,围绕互联网金融如何创新来助力产业升级和企业发展进行了持续、深入探讨。从中国第三方支付市场整体发展趋势来看,经过十几年的发展,第三方支付市场已成为互联网金融领域较为成熟的行业,并作为基础服务广泛应用于各行业。目前,第三方支付市场已形成由支付宝、中国银联、财付通占主导的市场竞争格局。

移动支付市场规模将继续保持爆发式增长,将有更多的参与者加入市场,但对整体竞争格局影响不大。对于移动支付来说,线下市场比线上市场更有潜力。随着移动支付接入的线下消费场景变得丰富,移动支付市场规模将继续扩大。此外,线下支付市场的巨大前景正吸引着众多商家不断涌入,除传统的第三方支付机构相继入场外,手机厂商、通信运营商、传统商业银行也在努力布局。

相关知识

、第三方支付平台的含义及特点

(一)第三方支付平台的含义

第三方支付是指具备一定实力和信誉保障的独立机构,采用与各大银行签约的方式,

为商户与消费者提供与银行支付结算系统接口的交易支持平台的网络支付模式。

第三方支付平台是指从事第三方支付业务的公司运营其业务(主要是清算业务,部分公司会有结算业务)的一个环境,通常,该环境是使用计算机等技术搭建的。在通过第三方支付平台的交易中,买方选购商品后,使用第三方支付平台提供的账户进行货款支付,由第三方通知卖家货款到账、进行发货;买方检验物品后,就可以通知第三方付款给卖家,第三方再将款项转至卖家账户。目前第三方支付方式主要有银联电子支付、NPS网上支付和依托于大型 B2C、C2C 网站的支付工具,如"支付宝""安付通""财付通"和"快钱"等。

(二)第三方支付平台的特点

(1)第三方支付平台提供一系列的应用接口程序,将多种银行卡支付方式整合到一个界面上以便交易结算中与银行的对接工作,使网上购物更加快捷、便利。消费者和商家不需要在不同的银行开设不同的账户,第三方支付可以帮助消费者降低网上购物的成本,帮助商家降低运营成本,还可以帮助银行节省网关开发费用,并为银行带来一定的潜在利润。

(2)较之 SSL、SET 等支付协议,利用第三方支付平台进行支付操作更加简单而易于接受。SSL 是应用比较广泛的安全协议,在 SSL 中只需要验证商家的身份。SET 协议是基于信用卡支付系统而设计的,它保证了开放网络上使用信用卡进行在线购物的安全。但在 SET 中,各方的身份都需要通过 CA 进行认证,程序复杂,手续繁多,速度慢且实现成本高。有了第三方支付平台,商家和客户之间的交涉由第三方来完成,使网上交易变得更加简单。

(3)第三方支付平台本身依附于大型的门户网站,且以与其合作银行的信用作为信用依托,因此第三方支付平台能够较好地突破网上交易中的信用问题,有利于推动电子商务的快速发展。

第三方支付平台的出现,从理论上讲,杜绝了电子交易中的欺诈行为,这也是由它的特点决定的。

第三方支付平台结算业务操作

第三方机构与各个主要银行之间签订有关协议,使得第三方机构与银行可以进行某种形式的数据交换和相关信息确认。这样第三方机构就能实现在持卡人或消费者与各个银行,以及最终的收款人或者是商家之间建立一个支付的流程。具体交易流程如下:

①消费者选购商品,买卖双方达成交易意向。
②消费者选择第三方支付平台,将货款划到第三方账户,并设定发货期限。
③第三方支付平台通知商家,消费者的货款已到账,要求商家在规定时间内发货。
④商家收到消费者已付款的通知后按订单发货,并在网站上做相应记录。
⑤消费者收到货物并确认满意后通知第三方支付平台。
⑥消费者对货物满意,第三方支付平台将货款划入商家账户,交易完成;消费者对货物不满,第三方支付平台确认商家收到退货后,将货款划回消费者账户或暂存在第三方账户中等待消费者下一次交易的支付。

技能训练

简答题

(1) 跨境人民币结算的流程有哪些？进行跨境人民币结算的好处有哪些？

(2) 第三方支付方式包括哪些？请选择一种支付方式完成一次第三方支付流程。

参 考 文 献

[1] 黄海涛.信用证6小时教程.北京:中国海关出版社,2009
[2] 李一平,徐珺.信用证审单有问有答280例.北京:中国海关出版社,2010
[3] 陈艳辉.英文国际贸易单证的使用与翻译.北京:机械工业出版社,2009
[4] 刘伟奇,丁辉君.国际贸易单证理论与实务.上海:同济大学出版社,2008
[5] 章安平.外贸单证操作.北京:高等教育出版社,2019
[6] 唐春宇.外贸单证综合实训.北京:高等教育出版社,2009
[7] John J. Wild, Kenneth L. Wild, Jerry C. Y. Han. International Business. New kersey:Prentice Hall,2010
[8] John D. Daniels, Ernest William Ogram, Lee H. Radebaugh. International Business: Environments and Operations. Addison-Wesley Publishing Company,1995